千葉の逆襲

地域対抗「充実度」くらべ

谷村昌平

言視舎

プロローグ　イジりにくい千葉

千葉のイメージは、どこかはっきりしないところがあります。巨大な田舎（失礼）に見えるところがあるのですが、都会であることも否定できないし、関東地方なのにどこか南方的なところも感じられます。それに観察を続けていると、千葉全体に「充足感」のようなものが漂っているような気もするのです。これは「千葉の逆襲」というコンセプトを考えるうえで、大きなポイントになりそうです。そこでまず、千葉の歴史を簡単にたどってみることから始めてみたいと思います。

上総《かずさ》、下総《しもうさ》、安房《あわ》の三国からなる房総・千葉。古来より貝塚が多かった（全国1位）ことは住環境の充実を裏付けし、県内に多数分布する古墳（全国2位）は権力者が存在したことを立証しています。中世では、かの源頼朝が安房に渡海し、房総の千葉氏らを味方に付けたことで鎌倉幕府開府の契機となったことが知られています。そして鎌倉時代には房総一帯で日蓮宗が広まります。これは日蓮の生地が安房であることに起因しています。

滝沢馬琴の読本『南総里見八犬伝』で有名な戦国大名里見氏は、江戸時代初頭まで安房一国の大名の地位を維持しますが、江戸の喉元を押さえる要地だったため、家康に憎まれて改易を強要され、のち断絶します。徳川家康が江戸幕府を開き、政治の中心を関東に移したことは、千葉（房総）の歴史にとって画期的な意味を持ちました。以降、千葉は中央権力の所在地に近接するという、それまで経験したことのない歴史的規定性を受けとることになりました。近世の千葉は、幕府を政治的・経済的に補佐する地域として、しだいに江戸の後塵を拝すようになってきます。幕府直轄の鷹場が設けられ、軍馬を養成する牧の経営が積極的に行なわれますが、一方で新田開発、治水、水陸交通網の整備など、幕府の要求に応じる形でたびたび開発が行なわれ、江戸と強く結びつくことで発展の目を見るのです。

利根川沿いの村では江戸に舟運する商品作物の栽培が盛んになり、銚子・野田の醤油が江戸で人気を集めます。やがて、千葉の醤油は、しだいに関西産のうすくち醤油を圧倒するようになり、こいくち醤油の食文化を関東に定着させました。こうした水陸を通じた江戸との交流は、地域文化の担い手となる豪農・豪商層を生み出し、千葉の文化水準を向上させました。このうち佐原《さわら》の豪商だった伊能忠敬が隠居前に日本地図作製の偉業を成し遂げたことは、まさにその象徴といえましょう。

また、江戸時代初期には紀伊半島から黒潮に乗ってきた漁師たちによって地曳網漁業が伝えられ、それを契機に房総半島が日本有数の漁場として発展します。

近世を通じて譜代小藩・天領・旗本領などが混在し、改易・転封が頻繁に行なわれたのも、「江戸のお膝元」ゆえの千葉の特色。しかしこうした複雑な知行関係は、武士による支配力の低下や農村の疲弊、治安の悪化を招き、義民（百姓一揆の指導者として権力と闘った人民）佐倉惣五郎や『天保水滸伝』で知られる侠客・飯岡助五郎らが登場する背景となったのです。現在の千葉県にある領域に、幕末期、藩は17もありましたが、なかでも佐倉《さくら》藩、関宿藩などは老中を輩出しています。

東京県境

近代になると「首都防衛」のため、千葉全域に多くの軍事拠点が置かれます。成田山新勝寺は、江戸時代、歌舞伎役者の市川国十郎が帰依して「成田屋」を屋号とし、本尊の不動明王が登場する芝居を打ったため、多くの参詣人を呼び込みます。戦争が激しくなると同寺の「身代わり札」が、鉄砲の玉を避けるお守りとして軍人や庶民の信仰を集めました。また、旧幕府の牧があったため、その跡地で酪農が盛んになりました。成田国際空港の大半も宮内庁下総御料牧場があった場所ですし、千葉史上最大級の〝大工事〟千葉ニュータウンも印西牧が土台になっています。

第二次世界大戦後は、東京湾沿いに京葉工業地域が形成され、重化学工業の一大拠点となっています。東京に隣接するため、急速な宅地化が進み、ベッドタウンとして人口が急増します。浦安《うらやす》にある東京ディズニーリゾートに「東京」の名が冠されていることは現在の千葉の立ち位置を象徴しているといえるでしょう。

日本最高峰のテーマパークを抱える一方、房総半島には海に山に多様な自然環境をたたえています。

以上のことからも、千葉にはかなりの「充足感」が漂います。実際、出身者に話を聞いても、千葉出身であることを誇っている向きの発言しか出てきません。「ライバル」と目される埼玉ですが、埼玉にはどこかその出生を恥ずかしむ傾向がありました。むしろ先に自嘲してしまうことで〝ツッコミ〟を受けることを未然に防ぐ術を身に付けているほどでした。対して千葉は自嘲どころか嘲笑われることに敏感です。現在千葉に住まう方から返ってくる反応は、概ね現状に満足しているといった様子。こんな過不足ない千葉に果たして「逆襲」する意義はあるのか？　このことは本書を書き進める以前に気がかりだったことでもあります。

しかし筆者の〝執拗〟なあぶり出しにより、千葉が燻ってきた鬱積がじわじわと浮き出てきました。もちろん決して糾弾まがいのことをしたいわけではありません。その地域に染み付いてしまったレッテルに対して事実と比較することで、ときに共感、ときに反発していただき、一緒にレッテルを解消、そして新たなアプローチをすることが本書としての本懐です。

折々劇画化されたような住民の姿を描く部分も出てきます。これらの描写には、既存の論調やイメージへのアンチテーゼとして、鈍化している問題の顕在化に寄与する影響力を期待しています。その見解には賛否両論あると思いますが、抱えている問題には眉を寄せて、それ以外のネタは面白可笑しく読んでいただければ幸いです。

千葉略図

野田市
流山市
柏市
我孫子市
香取市
印西市
松戸市
白井市
成田市
鎌ヶ谷市
八千代市
市川市
匝瑳市
銚子市
富里市
佐倉市
旭市
船橋市
習志野市
四街道市
八街市
浦安市
千葉市
山武市
東金市
市原市
袖ヶ浦市
茂原市
木更津市
君津市
富津市
いすみ市
勝浦市
鴨川市
南房総市
館山市

目次

第1章

あのライバル《さいたま》県にないアレで逆襲

1 終わりなき関東3位争い

あらかじめ申し上げておきますと、本書ではこれから「ライバル埼玉」、「ライバル神奈川」という言葉が何度か登場してくると思いますが、つまりそのままそういうことです。

それは埼玉側も同じ。南関東の各県は常に南関東のAクラス争いを繰り広げています。

しかし、である。

早めのほうが楽なので、もう言ってしまいますが、神奈川側は相手にしていません。勝手に千葉や埼玉がライバル視しあっているだけです。

しかし、である。

じつは千葉も埼玉も神奈川を差し置いて2位になろうとは毛頭考えておりません。のっけから白旗状態です。建前上「神奈川がライバル」としておかないと県民のモチベーションが上がりませんし、なにより「埼玉（千葉）がライバルだなんて思ってないし？」という態度表明でもあります。

しかし傍から見れば、ほほえましく関東の3位争いをしているよきライバル同士です。眼中にない素振りをしてはいても、内心は過剰なまでにお互いを意識している千葉と埼玉。いざ両者が対面するや、「埼玉に国際空港はありますか〜?」「千葉に新幹線はありますか〜?」とすかさずバトルが始まります。また、千葉県人は埼玉に足を踏み入れるや、千葉が勝っているポイントを探そうとする向きがあります。しかも意識していることを気づかれないように……。

同じく東京のベッドタウンである埼玉は、千葉と似ている境遇にあり、お互い実力が拮抗していると捉えているのでしょう。じつは、親近感を感じるがゆえのライバル意識なのかもしれません。

▼「東京○○」はむしろ誇らしい

千葉県人がお国自慢をする際に、かなりの頻度で登場するのが、「東京ディズニーリゾート」と「成田国際空港」。日本一人気のあるテーマパークと、日本の玄関口である国際空港の存在は、千葉の〝キラー自慢アイテム〟です。

しかし長年の経験から対処法を会得した埼玉県人はこの攻撃ではひるみません。間髪を入れず「ぜんぶ『東京』が付いてるけどね」を繰り出します。さらに手練れは「東京に入りきらなかった施設を移管されてるだけじゃない?」を乗せてきます。しかしこれはただのイヤミとして不発に終わることが多く、千葉県人は「東京○○」に対してさほど疑問を挟まずに過ごしてきました。

施設側が「東京○○」としているのは、箔を付けてブランド上の効果を狙ってのことですが、千葉県人はこれを意に介さず受け入れ、むしろ誇らしいとさえ思っているフシがあります。「見栄っ張り」とされる近代の千葉県人つまり「千葉都民」にこの傾向は強いようです。東京に対してある種の憧れを抱いているため「東京」と冠されるのはむしろ歓迎ムード。これにより埼玉よりも優位に立ったという気分になれるのかもしれません。

また、「東京にないのに東京って――」と繰り返し繰り返し言われることは、そこが千葉であること、千葉にそれがあることが強調されることにもなり、逆に宣伝効果を与えているのかもしれません。とはいえ、幕張メッセで行なわれるコンサートがたまに「東京公演」とされるのはさすがに強引かと思いますし、東京はおろかドイツまで盛り付けた「東京ドイツ村」（袖ケ浦《そでがうら》にあるテーマパーク。東京からの所要時間1時間）のネーミングにはやや首を傾げます。東京から1時間を超える鴨川《かもがわ》まで行くとさすがに「鴨川シーワールド」となるようですが。

一方で東京の分身であるという意識の強さゆえ、「千葉都民」と括られ区別されてしまうことに抵抗感を抱いています。そもそも千葉そのものへの愛着や依存度が低い「千葉都民」。県民性のマイナス面に対して、いっしょくたに言及されることに嫌悪感を覚えるようです。つまり千葉のマイナス特性を指摘されても、自分たちのことじゃないのに！　という感情と憤りを持つわけです。

▼ライバル問答

千葉と埼玉のライバル意識の有無に話を戻しますが、論より証拠ということで、お互いの主張を聴取しまとめました。問答形式で紹介しましょう。

千「ディズニーランドがある。埼玉に日本が誇るテーマパークある?」

埼「『東京』って付けてるくせに！」

千「埼玉に空港ましてや国際空港ある?」

埼「千葉に新幹線通ってますか?」

千「東京へのアクセスはうちのがよくない?」

埼「浦和レッズは世界に誇れるクラブだよね」

千「Jリーグのチームくらいうちにも2つある」

埼「プロ野球団もある」

千「千葉にもあるし。♪西武には負っけられない〜」

埼「政令指定都市もある」

千「千葉にもあるし」

埼「人口と人口密度、地価では圧勝！」

千「……栄えてる町が多いのは千葉だと思う」

埼「さいたまスーパーアリーナ」

千「幕張メッセ」

埼「しまむら」
千「マツキヨ」
埼「パルコ2つある」
千「パルコ2つある」
埼「スタバ52店ある」
千「…47店…」
埼「上総とか下総とか外房とか内房とかややこしいんだよ！」
千「浦和ナントカ駅とかナニ浦和駅とかややこしいんだよ！」
埼「しんちゃん級の国民的キャラいる？」
千「……新勝寺級の有名な寺社ある？」
埼「…………らき☆すた神社……」
千「千葉には海がある！！」
埼「…………山ないくせに」
千「『ダサイたま』、『くさいたま』のくせに！！！」
埼「『ちばらぎ』、『うんちば』のくせに！！！」

――こうして終わりなき関東3位争いは続く。

ディズニーランドのある舞浜駅前。ちなみに、11月14日は「埼玉県民の日」でディズニーランドに埼玉県人が大挙する日。事実上の埼玉・千葉の交流記念日なのです。

※ここで論じている「2位」や「3位」は誰が決めたわけでも、定義があるわけでもありません。「勝ち」「負け」や「格」も、あくまでお話をうかがった方がたによる私見や心象であり、実際のデータなどに基づいているものではありませんので、あしからず。

2 どうあがいても埼玉がつくり出せないもの

▼that's「千葉には海がある！」

いかなる手を投じようともひるまない埼玉県人も、このカードを切られては太刀打ちできません。それは海を有すること。

空港にしても夢の国にしても、いかにその存在が大いなるものであろうとも、それらは人間の手によって造られたもの。しかし、地勢ばかりは人間がどう逆立ちしても創成することができません。

房総は、内陸部においては「香取《かとり》の海」を擁し、また外縁部は内海（江戸湾）と外海（大平洋）に囲まれた袋状の地形。この先でも半島性をキーワードとして千葉の特性を挙げることになりますが、少なくとも古代・中世において房総半島は半島というよりもむしろ四方を海や大河で取り囲まれた「島」でありました。そのことには香取の海の存在が大きく影響しています。

壮観な九十九里も千葉の海の魅力ではありますが、千葉の海を語るとき、かつて漁業・水運の心臓部という位置付けだった香取の海についてまずはふれておかなければなりません。

▼大切に育まれた千葉の誇り「内陸の海」

房総半島のつけ根の東北方、今の利根川や霞ヶ浦・北浦、印旛《いんば》沼・手賀《てが》沼など多くの湖沼の分布する一帯が、中世に至るまでは一続きの広大な入海で、「香取の海」と呼ばれていたことは、こと風土学や地域学のフィールドでは長く注目されています。事実、奈良時代につくられた隣国の『常陸国風土記』では、外海を「大海」というのに対して、これらの水域を「流海」と表記していました。

こうした状況は中世を通じて基本的に変わりませんでしたが、近世初め、江戸幕府による利根川のこの水域への瀬替え事業によって、河川の堆積機能が大きくなったこともあり、徐々に埋め立てられて陸化が進んだのです。南北朝時代の14世紀後半、香取の海の周囲に分布していた多数の津(港)のうち70カ所以上は「香取社」が支配していました。

香取の海には下総側に香取神宮、常陸(茨城)側に鹿島神宮という両国きっての大社が鎮座します。香取地域には、5世紀半ばの築造で長持型《ながもちがた》石棺をもつ三之分目《さんのわけめ》(豊浦《とようら》)大塚山《おおつかやま》古墳(墳丘長118m)があり、また7世紀初頭築造の城山《じょうやま》一号墳(同68m)からは三角縁神獣鏡が出土していることから、5世紀代からヤマト王権との密接な関係が読みとれます。そのことから律令制時代にお

佐原の大祭·夏祭り/香取市　水郷·佐原は江戸後期からの古い町並みが今に残り、重要伝統的建造物群保存地区と、厳めしい肩書の江戸情緒溢れた町
提供(社)千葉県観光物産協会

いて、所属郡は「神郡」として扱われました。

やがて香取の神・香取社の社領は、平安時代末期に香取の海の周辺に広がっていきます。そこではさまざまな権益が認められるようになります。香取社の支配権は、中世成立期の国衛公権の分有と関わるとされ、「浦・海夫・関」も、そうした存在であり対象でした。漁民を指す海夫とは、魚介類を納める代わりに、漁猟と船の運航を保障された人びとのことです。

香取社は、内海（江戸湾）に通ずる古利根川水系の河関を支配し、またもう1つの内海（香取の海）の海夫も支配します。海夫や関の支配は、形式的な供祭料・神役の徴収権を越えて、下総と武蔵（今の東京・埼玉）、下総と常陸、各々の国境領域であった利根川と内海への支配権へ通ずるものでした。そして、内海の領主も、古く平将門の時代から海夫に対して一定の支配権をもっていたといわれています。

利根川の河岸場で最も繁栄を見せたのが佐原《さわら》。水運業を柱としながら、宿や市が賑わいました。当時一大商業圏のセンターだった都市的な場も香取の海周辺には存在していました。佐原はご存じ伊能忠敬の出生地であり、蔵造りの町並みから「北総の小江戸」の名で現在は観光スポットになっています。


以上が、香取の海が「内陸の海」と呼ばれる所以です。埼玉との差異を図るため「海」というキーワードを持ち出しておきながら、いきなり内陸に話を振るのはやや憚られましたが、内陸だからこそ外洋に影響されにくいネイティブな千葉の姿がそこにはあります。特に西国からの影響が強い千葉の海の中で、育むべき固有のアイデンティティを香取の海に見出していたのではないでしょうか。

▼九十九里ないのに九十九里なワケ

香取から南下すると有名な九十九里海岸に出ます。九十九里名物のイワシの地曳網漁は、それこそ古代房総に漂着した西国の漁民によって伝播し、しだいに地元漁民も加わったとされているものです。そして近世日本で有数の漁業地域に成長していきます。

これは千葉ではお約束の自虐ネタですが、「九十九里は九十九里ありません」。

九十九里浜は北端の刑部岬《ぎょうぶ》から南端の太東崎《たいとう》まで、約60㎞も砂浜が続く、日本一長い砂浜です。しかし、実際は九十九里もの長さはありません。一里約４㎞で単純計算すると、九十九里は約400㎞なので、直線距離にして東京～大阪間もの長さになってしまいます。60㎞だと十五里のはずです。

では、なぜ「十五里浜」ではなく、「九十九里浜」と名づけられたのでしょう？　一説によると、この名前をつけたのはかの源頼朝だといわれています。頼朝がこの浜に端から六町（600ｍ強）ごとに矢を立てていくと、九十九本刺したところで浜辺が終わったため、「九十九里浜」と名づけたそう。一町は約109ｍ、六町を一里として計算すると、九十九里は約65㎞となる。多少の誤差はあるが、実際の長さにかなり近い数字。これには、一里の長さは時代によって異なり、古くは五町または六町を一里としていたことに起因します。頼朝本人が測ったかどうかは明らかではありませんが、六町を一里として測り、「九十九里」という数字を出したというのなら、つじつまが合ってきます。

ただし、「九十九里浜」という地名が最初に文献に登場するのは、江戸時代中期から。江戸時代には、一里は三十六町となっていたので、一里が六町だった時代からこの名前があったかどうかはわかりません。

また、「九十九」というのは実測ではなく、漠然と「長いから」という理由ではないかという説もあります。これには、昔「九十九」は景気のいい数字とされたことから、「多い」「長い」という意味で、よく「九十九」の数字が用いられていました。九十九里浜もその風潮によるものかもしれません。君津《きみつ》の「九十九谷」や長崎の島嶼部「九十九島」も同類といえます。

この九十九里浜は、波が運んできた砂が海岸線の凹凸を埋めてできたもので、いまでも砂の堆積がつづいており、海岸線が前進しています。そのため、数百年後には海岸線が大きく変わっている可能性が高いそうです。それでもたぶん九十九里浜は九十九里浜と呼ばれ続けるのでしょう。

▼きっと埼玉ではかなわないエトセトラ

近代では海水浴やサーフィンのメッカとして賑わう九十九里浜。千葉出身の木村拓哉も足繁く訪れサーフィンに興じています。

一宮町は明治期より「東の大磯《おおいそ》」とまで呼ばれた避暑地。しかし「東の大磯」……、このへんですでに神奈川との格差が見え隠れします。１８９７（明治30）年には房総鉄道（現・JR外房線）が開通し、上総一ノ宮駅と東京の本所とを約5時間（！）で結びました（現在は約1時間）。海岸から北方は緑の松林と九十九里の弧を描いた砂丘が延々と続き、南方はそれが太東岬で区切られて、南北とも雄大な景観を呈しています。

旧一宮藩主で貴族院議員・鹿児島県知事・帝国農会長を勤めた加納久宜の息子・久朗（戦後の千葉県知事）は、一宮町発展のために、神奈川の大磯が安田財閥の安田善次郎が別荘を建ててから有名になったのにならい、三井財閥の三井八郎次郎を招いて別荘を建ててもらいます。三井の令息は

サーフィンのメッカ九十九里。その砂浜は、波が運んできた砂が海岸線の凹凸を埋めてできたという

身体が弱かったが、一宮に来てからすっかり健康になって三井の人びとを喜ばせ、一宮の名を広めました。また、父・久宜も別荘を建てて多くの要人を招いたので、加納が鹿児島県知事をしていた関係で同県出身の軍人も多く来訪します。軍人好みの勇壮な海の風情も手伝い、一宮海岸には軍人の別荘が多く立ち並びます。

三井グループは、のちの川崎製鉄株式会社の誘致事業やディズニーランド建設に多大な加担をするわけですが、もしこの一宮での交流が素地になっているとしたら、やはり千葉の海は千葉に計り知れないものをもたらしてくれています。

やがて海水浴場として活気を呈す一宮海岸には、文豪・芥川龍之介もよく訪れたとか。病弱で神経質なイメージから海水浴という響きは遠く感じますが、あの苦渋の表情を水面でも浮かべていたのでしょうか。

しかし昭和初期より激化した戦況により、九十九里は陸軍の演習のための用地として接収され、本格的に兵舎が設置されます。それにしたがい避暑客もしだいに減少。戦後になると交通網も発達したことから、内房に客足を奪われ始めます。当然、内房は外房に比べて東京に近く、千葉市から東京寄りの海岸は今日も日帰り客で賑わっています。なお、保田海岸（鋸南町）にはかの夏目漱石が毎日のように道草をくったとか。頑固者の異名を持つイメージから海水浴という響きは遠く感じますが、浜辺でも肘をついていたのでしょうか。

▼広い沙漠をひとすじに千葉はどこへ行くのでしょう

サーフィンのメッカといえば、御宿町《おんじゅく》。中央海水浴場の砂丘には、王子と王女がラクダに乗った「月の沙漠」の記念像があります。

「月の沙漠をはるばると　旅のらくだが行きました――」

加藤まさを作詞、佐々木すぐる作曲の「月の沙漠」は童謡という枠を超え、多くの日本人の心をくすぐる名曲として知られます。短調のもの悲しく得もいわれないメロディもさることながら、加藤のエキゾチックな詞は聴く者に深い印象を残します。

詩のなかに登場する沙漠は、病弱だった加藤が学生時代療養のため毎夏訪れた御宿の砂丘がモチーフとされています。しかしじつは加藤は同詩の着想を「生まれ故郷である静岡の藤枝《ふじえだ》の海岸から得た」と家族に漏らしていたこともあったとか。しかしのちに「御宿で見たおぼろ月がモチーフ」

という趣旨の発言もしており、真相は本人のみぞ知る状態となっています。しかし、かつての御宿との縁や記念像建立におよぶ町民の熱意に感銘した加藤は、東京より御宿に移住し、名誉町民となります。没後も町内の最明寺に埋葬されました。

挿絵画家としても名高い加藤まさをのほかにも、あまたの画家が房総の海に魅了されてきました。日本における洋画草創期の双璧、浅井忠・黒田清輝をはじめとし、「外房風景」の安井曽太郎、「うすれ日」の坂本繁二郎、「房州南端」の石井柏亭、「残照」の東山魁夷《かいい》など、房総ゆかりの画家は枚挙にいとまがありません。なかでも青木繁は、坂本繁二郎らと房州布良海岸（現・館山市）に遊び、碧い海に獲物をかついだ漁師たちをみて、代表作「海の幸」を仕上げました。力強くロマンに満ちたこの大作は、明治ロマン主義絵画の絶頂を示すものとして、近代日本美術の記念碑的名作と評価されています。

また、風刺画で有名なフランスの画家・ジョルジュ・ビゴーも、1882（明治15）年に来日の際、まだのどかな漁村だった稲毛《いなげ》を描き出した「稲毛海岸」を残しています。現在では稲毛海岸も埋め立てられ、高層マンションが立ち並び、その先に人工海岸「いなげの浜」が造成されています。稲毛の東西に延びるこの臨海は「ベイエリア」と称され、埼玉はその甘美な響きのヨコモジだけは獲得することができません。

海にまつわるエピソードは尽きることはありませんが、もしこれらが関東3位争いの位取りに関わってくるとしたら、それは天地の神が導き出した運命《さだめ》としか言いようがありません。

昭和30年頃の御宿・岩和田浜の海女さんたち
『岩瀬禎之写真集[海女の群像・続編]海女の習俗―千葉・岩和田【1931-1964】』
彩流社より

3 海が導き育む千葉の「外交力《りよく》」

▼ヤマトタケルによる神奈川との初「外交」

海がもたらすものは、その風光による感受性の育みや、その場で獲れる海産物などスタンドアローンな装置としての効果だけではありません。他国や海外とを結ぶ門扉でもあります。こと房総千葉においては、古代に西国から黒潮文化が運ばれてきたことで、漁業が発展した経歴があります。このような歴史の繰り返しで千葉は、海から独自の「外交力」を培ってきたといえるでしょう。あの（片想い）ライバル神奈川とも海を介して繋がってきた〝実績〟があります。それも大和朝廷の時代から。

東征中のヤマトタケルは、古代東海道を辿って来た走水《はしりみず》（三浦半島沖）から船で上総へ渡ろうとしました。しかし走水の海（浦賀《うらが》水道）に黒い雲が巻き起こり波が船を襲った。雷鳴が轟き、暴風雨に行く手を阻まれてしまいます。このとき、同行してきた弟橘媛（オトタチバナヒメ）が「海神の祟り」だと言い、海神の怒りを鎮めようと海に身を投げてしまいます。やがて海は静まり、ヤマトタケルは上総に渡ることができました。ちなみに、航海に先立ち当地を「水走る」とヤマトタケルが称えたことから走水の地名が起こったとか。

いわゆる「外交（交渉や折衝）」をしたわけではありませんが、ここでは「海がもたらす多方面との交流」という大綱でお目こぼしください。

▼かの源頼朝を担ぎ出して勢力拡大

神奈川よりの渡海といえばあの源頼朝とも交流を果たしています。1180（治承4）年、伊豆で挙兵した源頼朝は山木館を急襲し、目代山木判官兼隆を討ち取って幸先のよい第一歩を踏み出していました。しかしその後は石橋山で、大庭景親軍、伊東祐親軍と戦い惨敗。九死に一生を得て、何とか相模国の真鶴半島岩海岸から海上へと脱出します。目指すは房総半島でした。命からがら安房国平北郡猟島（諸説あります）へ上陸した頼朝は、房総に勢力を持つ上総の上総氏、下総の千葉氏、安房の安西氏らに助けを乞います。これらの支持を受けた頼朝は、武蔵国に入ると葛西清重、足立遠元に加え、一度は敵対した畠山重忠、河越重頼、江戸重長らも従えます。そして、かつて父・義朝と兄・義平の住んだ鎌倉へ入り、鎌倉幕府の本拠地として発展を遂げます。

頼朝の挙兵に加勢するなかで、千葉氏は一族揃って馳せ参じ、上総・下総に広大な所領を得たうえ、代々下総守護を世襲して、下総における絶対的地位を築きます。ある意味、頼朝をうまいこと利用し、担ぎ上げ、自らの勢力も増大させた手腕は「外交力」の賜でしょう。

▼血気盛んな海人。それも海を守るため？

しかし、頼朝が没し将軍権力が弱体化すると、鎌倉幕府内部の権力争いが激化していきます。有名な幕府内乱の和田合戦や宝治合戦など抗争は激しさを増し、その余波は房総にも及んできます。房総最大の御家人・千葉氏は次第に圧迫され、上総を中心に北条一門の勢力が浸透していきます。

房総内で形成されつつあった各地の港湾都市も、戦国時代に入ると、有力な領主の支配下に入っていき、特に江戸湾をめぐる「房総領主」らとの緊張関係は一気に高まりました。房総領主は、港湾都市を支配し、また海を領域支配する「海の領主」でもありました。海の支配権をめぐる抗争は、江戸湾沿岸に限定されることなく、外湾（太平洋岸）でも展開していたとされています。たしかに黒潮が房総沖で最も海岸に接近するため、太平洋を行く航路は危険であるとする認識が根強くあったようです。

ところで、こうした海の領主は、海での生業を主としつつも、ときには略奪行為を働き、または水軍の一員として行動する「海賊」「海民」たちを支配していました。特に三浦半島の沿岸では、里見氏方の海賊船のゲリラ攻撃に再三遭い、盗み・放火・女童の略奪を受けたそう。逆に房総半島でも、北条氏方の同様な略奪にあったことは容易に想定できます。戦場での奴隷狩りの現実とその

広く太平洋を望む外房の海岸線

買戻しが繰り返し行なわれていたのです。

そこで、「半手」などといわれる行為が、住民の略奪や戦争などへの対抗策として打ち出されます。年貢・公事の折半ないしある配分で、両者への拠出を行ない、〝無事〟を主体的に獲得しようとしたのです。これは、相対立する勢力の境界領域において成立した特異な解決方法でありました。ただその背景には、軍事ばかりでなく漁業（漁場）などをめぐる、より生活に密着した利害関係があったに違いないでしょう。

近世中期以降になると、上総・安房の内房の漁村には、ほとんどに五大力船や押送船があり、簡単な船着場・荷置場が設けられていました。それらの中小の港からは年貢米をはじめ、材木・薪・炭・漁獲物などが江戸や浦賀・神奈川など「向地《むこうじ》」と呼ばれた対岸の港に運ばれているのが実態であり、旅人を乗船させることもありました。逆に、向地の船も房総に来航していました。こうして江戸湾という海の城は、両岸の人びとを隔てる障害などではなく、「海の道」の役割を果たしていました。近世後期には向地との通婚もよく行なわれ、交流の深さを示しています。

そして房総の港は、江戸や浦賀・神奈川を介して、全国的な商品流通網のなかに位置付けられていくのでした。埼玉は完全に置き去り状態……、と思いきや当時の埼玉（武州）は東京（江戸）と同じ国（武蔵国）だったことを考えると、からくも出席していることになるのでしょうかね。

▼御宿とアカプルコの深イイ関係

日本近海への異国船来航が頻繁になってくるのは18世紀後期ごろ。いわゆる黒船ペリー来襲です。しかし、それよりずっと以前に房総は、江戸知れず〝海外交流〟をしていました。

1609（慶長14）年、当時スペイン領だったフィリピン諸島の臨時総督ドン・ロドリゴが任務を終えてメキシコに帰任の途中、乗っていたサンフランシスコ号が暴風雨に遭い、上総国夷隅《いすみ》郡岩和田村（御宿町）の田尻海岸に漂着。そのとき、300余名が折からの風雨のなか、御宿の海女や漁師たちの懸命の救助作業で救われたことがありました。

地元民とはじめて対面したときは、ロドリゴらは武器もなく、もはやこれまで、と観念したそうですが、地元民は綿入れの衣類や食料を惜しみなく与え、村内に40日近く滞在させます。一行は、地元民たちの温かいもてなしにすっかり感激したそう。のちに領主の本多忠朝が300名の部下を連れて（いちおう厳戒態勢）現場に駆け付け、詳しい事情を聞いたのち、ロドリゴは大多喜《おおたき》城に招待され、さらなる厚遇を受けます。

こうして命は助かったものの、交通機関の発達していない当時の日本。300余人におよぶロドリゴ一行はどうやってヌェバ・エスパーニャ（現・メキシコ）へ帰任したのでしょうか。

一行の代表が江戸に出向いて将軍・徳川秀忠と面会し、さらに駿府の徳川家康にも出国の便を願いました。その結果、母国の鉱山技師を日本に派遣することなどを条件に帰任の許諾が出ます。この狙いはもちろんメキシコやスペインとの通商の発展を期待してのこと。そして幕府お抱えのイギリス人ウィリアム・アダムス（三浦按針）に命じて洋型帆船を造らせます。のち浦賀からメキシコに向け出航した一行は、3カ月後（！）無事アカプルコ（メキシコ）に到着します。

恩義を強く感じた一行は、鎖国政策による弊害はあったものの、1613（慶長18）年ロドリゴのお礼の使者としてビスカイーノを日本に寄せます。そして1978（昭和53）年には御宿町とアカプルコが姉妹都市の提携を結び、同年、メキシコのロペス大統領が御宿を訪れ大歓待を受けました。

大らかで気前のよい房総人の気質が滲む、心温まるエピソードのひとつといえましょう。

▼「西の長崎、東の佐倉」と称された蘭学流行

内陸でも海外との「外交力」を蓄えていた千葉。舞台は佐倉。江戸時代に配されていた佐倉藩は

千葉県立佐倉高校(写真)の前身は成徳書院

老中を輩出した優秀な名藩です。しかし近世中期以降になると幕藩体制の諸矛盾が顕在化し、各藩では財政難の打開をめざして藩政改革を実施。同時に人材の育成のために家臣やその子弟の教育機関として多くの藩校が設立されました。そして佐倉には成徳書院が創建されます。教授される学問の中心は儒学でしたが、やがて異国船の来航が相次いだことで、また武芸が奨励されます。しかし、このころより洋学の重要性が説かれ、しだいに広まります。

下総佐倉藩の成徳書院は、房総で最大の藩校でした。主たる教授は儒学でしたが、医学所と洋学所も開設されていたことが成徳書院の特徴でした。医学所では、開設当初は漢方医学が中心でしたが、のちに藩医の鏑木仙安が蘭方医学(オランダ医学)の講義をはじめてからしだいに蘭方医学に重きをおかれるようになります。

さらに蘭方医の佐藤泰然が佐倉に移住してからは、藩の蘭方医学は大きく発展を見ます。

泰然は、長崎で西洋医学を学び、江戸で外科の開業医として有名でした。佐倉に来てからは城下に順天堂という塾を開き、診療と医学教育を行ないました。ほどなく藩医を兼務することを命じられ、医学所で蘭方医学を教鞭。順天堂には、全国から入門者が殺到し、蘭方医学の塾としての名声が高まります。

藩主の堀田正睦は、1855（安政2）年に老中首座となり、アメリカの駐日総領事ハリスとの「外交」にあたりました。正睦は「蘭癖」と呼ばれるほど西洋事情に通じていましたが、その背景にはやはり泰然による諸外国の情勢の説明と助言があったことにあります。その後、泰然の後を継いだ佐藤舜海（尚中）は、下総国小見川《おみがわ》藩の藩医の家に生まれ、泰然に入門して養子となり、順天堂の二代目堂主に。1年余り長崎でオランダ医師・ポンペに蘭方医学を学び、佐倉に凱旋します。「西の長崎、東の佐倉」と言われる所以は、長崎の精得館と佐倉の順天堂という当時の蘭方医学の2大巨頭を指してのことでしょう。

佐倉藩の洋学は、以上のような蘭方医学だけではありませんでした。安政2年に、蘭学者で、砲術家でもあった木村軍太郎の立案により、西洋兵学に基づく兵制改革がなされます。洋学所が開設されると、そこで軍事科学・航海測量・地理・工学などの講義が行なわれ、軍事面でも人材育成が目指されました。当時の藩内には、各分野の洋学者が70人もいたとされ、「東の佐倉」の開明性をうかがうことができます。

現在、千葉県立佐倉高校には、成徳書院で使用された蘭書135部・英書60部が残されています。あの長嶋茂雄もじつは同校の卒業生。海外キャンプの折に「こっちの子は英語がうまいなあ」と言った話は有名ですが、佐倉高校卒業生ゆえの自信からくるものだったのかもしれませんね（？）。

▼ニューヨークにも輸出していた銘茶が佐倉にあった

明治維新後、佐倉の開拓地は次々に東京新田と姿を変えていきました。廃藩置県により、佐倉藩も解体されると、旧藩士の授産のために佐倉に産業を興そうという取り組みが起こりました。その1つが、佐倉藩の重臣だった倉次亨が興した製茶業です。

倉次を中心に旧佐倉藩士たち47名が発足した「佐倉同協社」は、さっそく製茶に着手し試行錯誤を重ねます。最初の摘葉は1875（明治9）年で収量は352kg。翌年には内国勧業博覧会で鳳紋賞牌を受賞。近代産業発展に尽くした功労によりその後も8年連続で、藍綬褒章、紅白綬有功賞などを受賞します。

1876（明治10）年には佐藤百太郎（日米貿易の先駆者、日本の百貨店の創始者）を貿易商に、「佐倉茶」はニューヨークに輸出され大好評を博します。

歓喜に沸く茶畑には「♪春は花咲く佐倉の地より、ほど遠からぬ富山の国は、芽出た芽出た本の畑に、枝もさかえて、葉もしげる」と茶摘み歌が口ずさまれていました。

日の出の勢いを見せていた佐倉茶でしたが、内陸の茶園は千葉特有の寒暖差が激しい内陸性の気候を受けるため霜害が頻発。1883（明治17）年には製茶工場の焼失が発生。決定的だったのは1905（明治38）年、倉次の突然の逝去でした。その後、同協社は1920（大正9）年に解散し、現在は主産地だった八街で散見される茶樹が往時の名残をとどめているばかりです。

しかし、最盛期には180haの茶畑、生葉生産量120トン、同協社員は489名という規模にまで成長。発足時の約10倍の社員数をもたらしたことは、新産業の創出という当初の本義を果たしたといえるでしょう。

世界に誇る銘茶が、佐倉はおろか千葉に存在していたことは、現代においてはあまり知られていません。そして日本3大銘茶と賞される埼玉の「狭山茶」もニューヨークに渡っていることもあまり知られていません。まさかの千葉vs埼玉のお茶バトルinニューヨークでしたが、この勝負だけはドローということでよろしいでしょうか。

4 肥沃《ひよく》な土壌、強い地層。地勢に恵まれた千葉

▼「肥沃な土壌」を物語る古事

「千葉の野の児手柏《このてかしわ》の含まれど　あやにかなしみ置きてたか来ぬ」

（千葉の野のまだ開ききらない児子の手の形をした柏の葉のように、まだ若くあどけない彼女に手をつけられずに故郷に残し、遠くまで来てしまったよ）

右は、下総国千葉郡出身の防人・大田部足人の詠んだ『万葉集』にある一首。

木々の生い茂った千葉の野に生かされつつ展開していた当時の人びとの生活ぶりをしのばせる歌です。

千葉の地名の由来としては、「多くの葉が繁茂する」の意で、たくさんの草木が生い茂る原野だったからとも、土地の繁栄を願っての地名とも説かれています。その地名が最も古く見つかったのがこの大田部足人の一首です。

また『古事記』と『日本書紀』には、ともに応神天皇が大和から近江（滋賀）に向かう途中、山城の宇治野《うじの》の上から遠く葛野《かどの》一帯を望んでの国見の歌として、

「千葉の葛野を見れば百千足る家庭も見ゆ国の秀も見ゆ」

（千葉の葛野を眺めやると、数多くの富み栄える民の家々も見える。国の中でもっとも秀でたところも見える）

を載せています。この「千葉の」とは数多くの葉の意味で、葛《くず》の葉がよく繁茂するところから、高の枕詞として用いられたのだと、契沖（江戸時代前期の国学者）以来考えられています。山城の葛野についての歌ではあるものの、古代人が千葉の地名に托した願いを知る材料になっています。

また、朝廷の神事を司る斎部広成が平安初期に自家の権威を歴史的に説いた『古語拾遺』には、千葉の旧国名である「総」の由来が記されています。

「天富命、更に沃き壌を求ぎて、阿波の斎部を分ち、東の上に率往きて、麻・穀を播殖う。好き麻の生ふる所なり。故、総国《ふさのくに》と謂ふ〔古語に麻を総と謂ふ。今上総下総二国と為す、是なり〕」。

千葉の風景といえば菜の花畑。県民体操「なのはな体操」が体に染みついた千葉県人も多く、あのテクノポップ調の曲を聞くや勝手に体が動くという

阿波斎部の居る所、便ち安房郡と名つく（今安房国これなり）」

　つまり、良質の麻（総）が育つ土地だから、「総」とした、というこちらもやはり植物の繁栄が地名の由来のようです。この「総」も安房の「房」も、花や果実が群がり、垂れ下がった、たわわな状態を示す古語の「ふさ」にあたる字です。

　阿波から安房に移住してきた斎部一族のように、古来、黒潮に乗って西日本から房総への移住が盛んでした。そして開拓が海岸部からはじまり、それゆえに半島南部のほうが都に近い上総となり、北部が下総となった理由（後述します）もわかる興味深い一連の伝承であります。

▼紀元前より証明される「住みやすさ」

　黒潮の中に突き出た房総半島は、外来の人や物を引っかけるフックのような存在。そしてその奥に、東京湾という誘き寄せられた物たちを滞留させる領域が用意された千葉県域は、それゆえの特徴ある歴史を持ちました。

ただし洪積世の終末期、すなわち1万年ほど前の房総半島の地形は、現在とはかなり異なっていました。東京湾は関東平野の奥深く入り込み、霞ヶ浦付近は太平洋の浅海で、東葛飾郡関宿町（野田）あたりの両総台地が大宮丘陵（埼玉）とわずかに繋がっているほかは、関東陸塊から分離された「孤島」の状態であった、と推定されます。

こうした環境のなか、房総に人類の営みが始められたのはかなり古い。縄文時代に先行する日本最古の旧石器文化の遺物が、丸山（市川）や子和清水（松戸）などの遺跡から出土し、それを物語っています。それらのなかには考古学上貴重な遺跡とされるものもたくさんあります。香取郡神崎町西之条《にしのじょう》貝塚出土の土器は日本最古の土器とされ、千葉市桜木町加曾利《かそり》貝塚や市川市国分町堀之内《ほりのうち》貝塚からの土器は、縄文土器の年代決定のための重要な目安とされています。これらの遺跡名は、千葉県人のみならず社会の教科書などで目にした人は多いと思います。

▼貝塚の数日本一は豊かな自然環境の裏付け

紀元前より生活の場としての千葉が確認されるなか、縄文時代中期から主として東京湾岸に直径100m超の馬蹄《ばてい》形貝塚が多くつくられ、房総は「貝塚の宝庫」と呼ばれる縄文文化の最盛期に突入します。特筆すべきはその貝塚の多さで、全国で確認されている縄文時代の貝塚は千数百カ所とされるなか、千葉県域ではその約半分の500カ所以上が確認されています（諸説あります）。この数をイコール＝ムラ（村落）の数と換算するのはあまりに短絡的ですが、もしそうだとしたら、日本人口の半数が千葉に住んでいたことになる、とつい考えが飛躍してしまいそうになります。

千葉がいかに〝豊かな〟土地であったことの説明は何度もすることになりますが、この貝塚の数をもとに解きほぐすと、太古の地球温暖化と、その結果による「縄文海進」がつくりだした千葉の「かたち」によるところが大きいとされます。

今から3万年ほど前の旧石器時代には日本列島の陸地は今より広く、海面は現在より100m以上も下にありました。それが6000年前ごろから海面上昇が進み、東京湾奥部には「奥東京湾」、利根川の下流域には「古鬼怒湾《こきぬ》」という大きな内海がそれぞれ形成されます。その後また海面低下が起き、貝の繁殖に適した砂泥質の遠浅の海浜が発達。人びとはその海の幸を利用し、新しい土器と生活技術を身に付けました。それが、縄文文化であり貝塚文化なのです。

つまり台地に挟まれた谷津には、海水が浸りこみ波静かで、岩もない砂地であることから貝や魚類が生息するのに適し、その魚介類を食糧としていたということです。

また、加曾利貝塚の例では、クリやクルミなどの木の実、イノシシやシカの獣骨、キジやカケス、カモなどの鶏骨が見つかっています。縄文時代に「狩猟革命」と評された弓矢も発見され、小・中型の動物の狩猟が以前より容易になるなど、狩りが盛んだったようです。魚骨はマアジやクロダイ、スズキなど、沿岸漁であることを示しています。延べ約20種類の骨が確認されているように、千葉の縄文人は森の幸や海の幸を食料に、豊かな食生活を送っていたことがうかがえます。これは千葉特有の多様な自然環境が裏付けになっていることにほかならないでしょう。

また、貝塚には干し貝の〝加工場〟という役割もあります。薄く火の通りのよい製塩土器で作られた大量の塩が出回るようになると、海水を煮詰めて塩分を濃縮した、塩分補給源としての干し貝を生産していました。そしてそれを貝塚で出会ったほかのムラの村人との交易品にしていたとか。千葉では黒潮文化が混入する以前から、すでに「外交力」を連綿と培っていたのかもしれません。

ちなみに、貝塚の分布状態は今の東京湾沿いの台地一帯が最も多く、次いで利根川沿いの低地に臨んだ台地、そして太平洋岸という順序になっており、やはり沿岸部の付近に多いことがうかがえます。

▼「強い岩盤」が立証される内陸部

一方、内陸部も千葉が本来持ち合わせる地勢による「住みやすさ」が注目されています。

東日本大震災によって多くの県にその損害が及びました。この問題を受け、これからの「住まいの条件」の最重要項目となるのは「耐震性」であることが間違いありません。

この点において、2万～200万年ほど前の強固な地層で構成される洪積台地、特に下総台地はとても有望だとされています。中央防災会議が、100年以内に起きる可能性が高いとして検討対象としているマグニチュード7以上の活断層分布図からも下総台地は「空白エリア」となっており、これも注目ポイントとなっています。

下総台地を土台とする千葉ニュータウン界隈には多くの企業がバックアップオフィスを構えています。企業の危機管理に対する経営戦略で知られる「ＢＣＰ（＝事業継続計画）」は、リスクマネジメントの中核をなすもので、万一の際、顧客流出やビジネスシェア低下を防ぎ、信頼性確保の観点からも重要視されています。ＢＣＰの要である「バックアップオフィス等の理想の候補地の条件」のうち、施設の立地に関連する項目の１つとして「地盤が良好で、Ｍ７以上の直下型地震が想定されていない」が挙げられますが、この点からも、千葉ニュータウン界隈が震災リスクの低い立地であることを示しています。

▼液状化が進んだ臨海部のこれから

しかし臨海部エリアで液状化が発生し深刻な問題になっています。液状化現象とは、地震の揺れにより土中の砂が揺振られ液体化してしまう現象。この現象は古くからある強固な地盤ではなく、人工的に造られた湾岸の埋め立て地などで特に起こりやすく、千葉では浦安や市川などで多発しました。つまり表層の基礎を固めていようと、さらにその下の地盤が緩ければ、結局地震の影響を受けてしまうという〝証拠〟を露呈した形になりました。

これを受けて県では、住宅を含む建物に有効な液状化対策を掲げます。

主には「①地盤が液状化しにくいように地盤改良する」「②杭基礎とする」。

具体的に説明すると、①の地盤改良の工法とは主に「締め固めた砂杭、又は振動、衝撃等で密度を大きくすることにより地盤強度を上げる『締め固め工法』」、「地盤内に透水性の非常によい砕石等のパイルの打設、ポリエチレン又はポリプロピレン製の円筒形ドレーン等を設置することによって、過剰間隙水圧の消散を早める『過剰水圧消散工法』」、「地盤内にセメント等の安定剤を攪拌混合し、地盤を固結させる『固結工法』」、「砕石などのような液状化しない材料で地盤を置き換える『置換工法』」、「盛土等によるプレロードで地盤を過圧密状態にして地盤強度を大きくする『プレロード工法』」の5つ。このほかにもさまざまな工法が提案されています。

どの工法を採用するかは、地盤の状況、敷地の状況、経済性などを勘案して決定することになるそう。なお、広範囲の液状化や地震の震源の位置、規模等が想定と異なる場合は、地盤改良を行なっても被害が起こることがあるそうですが、その被害も以前より軽減されると考えられます。

②の杭基礎とは、鉄筋コンクリート製杭又は鋼製杭（羽根付き等）を支持層に貫入させる工法。しかし、埋め立て地のように支持層が深い場合は杭の長さが何十メートルとなるので経済性の面から採用することは難しいと考えられます。杭基礎とする場合は液状化による地盤の水平抵抗の低減を行ない、液状化時の杭の構造安全性の検討を要します。ほかにも被害を受けにくいような建築物にするために施す対策や工法についても住民に供与しています。

以上のように県をはじめ、臨海部や葛南エリアの各市でもより局地的な対策を策定。液状化現象・洪水・土砂災害ハザードマップの配布はもちろんのこと、震度想定図・震災時建築被害想定図・避難場所一覧なども公示されています。

地震等への不安は尽きませんが、よりよい住環境の整備を目指して、紀元前より「住みやすさ」が論証されてきた姿を保持してほしいものです。

5 他県に類を見ないビッグネームの競演

じつをいうと、千葉史上には歴史的ビッグネームがずらり関わっています。

ヤマトタケルにはじまり、伊能忠敬、日蓮、親鸞、源頼朝・義経、近藤勇、小林一茶、滝沢馬琴、市川團十郎、山本周五郎、永井荷風、北原白秋、志賀直哉、武者小路実篤、柳宗悦、平氏、藤原氏、北条氏、里見氏、当然徳川家、ウォルト・ディズニーそして長嶋茂雄……。これだけの顔ぶれそしてバラエティに富んだメンツは、他県にも類を見ないでしょう。

何度も埼玉を引き合いに出してさすがにくどいのですが、筆者が埼玉および埼玉の県民性をあぶり出す著書を書いたときは、これほどの多彩な面々を見つけることはできませんでした。ネームバリューだけで極端に挙げると本当片手で数えられるくらい……。むろん埼玉だけでなく、こと〝南関東リーグ〟においては、神奈川はおろか東京にも負けず劣らずの打撃力だと思います。

第1章ではまず千葉の開祖ともいえる「千葉氏」を紹介したいと思います。ただ、右の顔ぶれに肩を並べるほどの〝ビッグ〟かのご判断はお任せします……。

▼歴史的人物オールスター戦(千葉大会)

千葉氏のルーツにふれるとき、2012年大河ドラマでなにかと話題になった『平清盛』の平一族は語るに欠かせません。

5世紀に千葉国造が置かれ、律令制の国郡制によって下総国に千葉郡が設置され、千葉郡の千葉郷に平安後期に千葉荘という皇室領の大荘園が成立しました。やがてそこを本拠とした房総平氏の一族が「千葉」の苗字を称し、中世を通じて下総一帯に覇を唱えます。ではなぜ平氏が千葉県に勢力を張れたのでしょう。

平安中期、平高望という貴族がいました。桓武天皇の曾孫で高望王という皇族でしたが、都にいても藤原摂関家《せっかんけ》の権勢の前には出世など望むべくもありません。そこで、平朝臣の姓を賜って臣下となり、上総介《かずさのすけ》(上総国司の次官)として東国に下ります。しかし4年の任期を終えても都に戻らず上総に土着し、武装を強化し勢力を延ばしていきます。その子の世代では、一族は、勢力を上総(平良兼)だけでなく下総(平良正)、常陸(平鷗部、平良将)、などへ広げて現任の国司と争い、さらには一族の領主同士の争いも起こるようになります。

高望の子が良将で、その子が有名な平将門。将門は935(承平5)年ごろから亡父の所領をめぐって良兼と争い、伯父の国香や叔父良正を制します。その後、939(天慶2)年に常陸、下野《しもつけ》・上野《こうずけ》（栃木・群馬）の国府を占領。3国の国印を奪い「新皇」を称して下総国石井郡（茨城坂東）を王城としますが、天慶3年に国香の子貞盛らに討伐されます。

将門を討った貞盛の血（貞盛流平氏）が坂東に勢力を拡張しますが、これと覇を競ったのが将門や貞盛の叔父である平良文から出た良文流平氏でした。良文の孫である前上総介平賞常が乱を起こすのは、1027（万寿4）年。現任の国司の収奪に在地豪族が抵抗した戦いでした。忠常勢は1028（長元元）年、安房国府を襲撃。安房国守を焼殺し、上総国府も占領。長元3年には房総のほぼ全域を制します。しかし忠常は、討伐に来た甲斐《かい》（山梨）守《のかみ》・源頼信に降伏。『小右記』が「安房、上総、下総は己に亡国」と記すように、もう戦える状態ではなかったのです。

忠常は源頼信に都に連行される途中の美濃国（岐阜）で病没しますが、忠常の子たちは罪を赦されます。このあたりから源頼信流の源氏と平氏との関係が深まります。源氏の棟梁として関東に足場を築いた源頼信の流れに対し、忠常の子孫たちは前九年、後三年の役に従軍するなど、その配下として従うようになっていき、千葉氏、上総氏など房総各地の郡や荘、郷名を苗字とする一族に枝分かれして、千葉県域に栄えることになります。

のち古代社会を終わらせ、中世、鎌倉幕府を開ける源頼朝は、頼信の6代の孫。その攻勢は安房国に上陸するところから転じることは先述したとおり。その挙兵に大きな力を貸し、下総守護となる千葉常胤は、忠常の6代の孫なのです。つまり、鎌倉幕府開府の原動力となったのは平氏の勢力だったということになります。

▼激動の中、千葉に流布した法華経

おさらいすると、「千葉氏」は、11世紀に房総半島を席巻した平忠常の末裔で、のち千葉庄《しょう》を中心に下総に勢力を張る豪族です。

頼朝の房総上陸後、いち早く挙兵して頼朝を喜ばせたのが千葉常胤でした。

頼朝の使者を迎えた常胤は、「源家を中興しようとする頼朝の志に感激し、言葉にすることができない」と言って喜び協力を誓います。そして、頼朝に呼応して下総国目代《もくだい》や平氏方の藤原親政《ちかまさ》を襲撃し、国府に頼朝を迎えたのです。頼朝は「これからは常胤を父のように遇したい」と言って労をねぎらったといいます。常胤が頼朝の挙兵を歓待したのは確かですが、源氏の再興が目的だったかどうかは疑わしいものです。

千葉氏は常胤の父常重の頃、国守藤原親通《ちかみち》に相馬御厨などの所領を没収され、頼朝挙兵時には親通の孫で平氏と縁戚関係にあった親政の勢力に圧迫されていた因縁がありました。千葉氏にとって藤原氏打倒は年来の宿願であり、頼朝の挙兵はそのための絶好の機会でした。石橋山で大敗を喫しながら一命を取り留め、安房までたどり着いた頼朝の強運に、常胤は千葉一族の命運をかける気持ちになったのでしょう。そこから千葉氏に〝乗せられて〟幕府をなしていきます。

その後も千葉氏は平氏追討戦や奥州合戦で功をあげ、幕府創業の功臣として重きをなし、下総に広大な所領を得ます。下総守護には常胤が任命され、以後、同職は鎌倉時代を通して千葉宗家が受け継ぎます。常胤の息子たちは相馬や大須賀、東など下総各地の地名を名乗り、後に千葉六党と称され、房総に一大勢力を築いていったのです。

日蓮

世情騒然たるなか、鎌倉時代の房総地方では、思想面でも傑出した人物が輩出します。鎌倉新仏教の祖師のひとり、日蓮がその人です。安房で生まれた日蓮は法華経を至上の教えとする独自の宗派を開き、人々に法華経の教えを広めるだけでなく、政治の刷新にも情熱を燃やし、急速に信徒を増やしていきました。日蓮の死後も弟子の多くが、この地域で活発に布教活動を行ない、房総は日蓮宗の重要な地盤となりました。千葉の各地に日蓮ゆかりの地が多いのはこのことに端を発しています。

やがて鎌倉時代も転換のときを迎えます。頼朝が没し、将軍権力が弱体化すると、千葉氏も次第に圧迫され、やがて上総を中心に北条一門の勢力が浸透していくのでした。

日蓮と並ぶ日本指折りの宗教家・親鸞《しんらん》。彼も房総にゆかりがあります。親鸞は9歳で出家、以後20年間比叡山で修学、法然の専修念仏に帰依。時に親鸞29歳でした。しかし急成長した念仏教団に人々の反感が集まり、念仏禁制の圧力によって法然は土佐に流罪、親鸞は越後（新潟）に流されてしまいます。その後、流罪が赦免となり、越後から北関東に移住します。恵信尼の実家である三善家の領地が常陸にあったとの説が有力なようです。しかし、縁故ということのみで考えるのはあまり説得力がないような気がします。

親鸞としては、赦免になったからには、念仏弾圧の理論的根拠となった「延暦寺奏状」や「興福寺奏状」、また法然上人の著された『選択本願念仏集』を批判した栂尾の明恵による『摧邪輪』などに対する、仏教の教義学に基づいた反論を書きたいとの衝動にかられていたと思われます。

鎌倉時代は、京都と奈良が、最も文献の揃った場所でした。しかし、南都北嶺のお膝元、まだ念仏弾圧の気運が治まったわけではありません。親鸞には、必要な文献が揃っていて比較的自由に文献を繙くことができる土地であることが必要条件であったに違いありません。当時の北関東は、それにふさわしい場所であったということであると思います。

また、外房と内房で異なる海流が入り混じることで発生する「うず潮」、そして漁師気質と商売人気質が入り混じった房総の人間は信仰しているものが違う。そういった〝ごちゃまぜ〟な地域の中で親鸞は、個人の個性でもないし、もっと根底にある人間の原型のようなものを関東の果ての果て、房総半島の先端で究明したかったのではないでしょうか。
ちなみに、親鸞が参籠した君津の神野寺は、598（推古6）年にかの聖徳太子が創建した古刹。こんなところにもつるっとビッグネームが顔を出します。

▼至極立派な名将なのに知名度イマイチな千葉氏

千葉県にいまだ「千葉さん」が多いのも、むろんこの千葉氏の勢力拡大、繁栄があったからにほかなりません。では県名も千葉氏が起源かといえばそうではなく、前項や第2章でふれるように、「千の葉が生い茂るような土地柄が由来」というのが表向きになっています。

フランス発祥のミルフィーユという名の菓子は皆さんも知るところだと思います。パイ生地を折り畳んで幾重もの層をつくりパリパリした食感を出すもので、その名の意味は「千枚の葉」だそう。それにあやかり地元FM局「Ｂａｙ ＦＭ」とリスナーそして地元菓子店「オランダ家」で共同開発して「千葉ミルフィーユ」を売り出し、県内で話題になったことは記憶に新しいですね。

話は逸れましたが、千葉氏ほど有力な一族が地元で誕生し繁栄していったにもかかわらず、その知名度は全国区とは言い難いものがあります。千葉氏滅亡の起因は豊臣秀吉の小田原城攻めがきっかけになっているとはいえ、その理由はやはり隣国の江戸に幕府が開府したことにあります。しだいに江戸の後塵を拝すようになり、千葉の重要性を失速させていくとともに、千葉氏の存在感も薄まっていったのでしょう。現代では地元でも名前しか知らない若者がざらにいるほどです。いわゆる武将マニアや歴女《レキジョ》の界隈でも「千葉氏のコスプレをしよう」という人はあまり聞きません。千葉が誇る2大名士、里見氏と千葉氏。ある意味どちらも〝悲運の名将〟なのは偶然でしょうか……。

▼千葉市にとってもある種不遇だった江戸時代

17世紀、江戸に徳川幕府が成立したことは、安房・上総・下総三国の歴史にとって画期的な意味を持ちました。これ以降、房総三国は中央権力の所在地に近接するという、これまで経験したことのない歴史的規定性を受け取ることになります。

ある種不遇な江戸時代を過ごす房総ですが、1868（慶応4）年に勃発した戊辰戦争を経過して新政府の支配下に入ることになります。そして戊辰戦争という緊迫した軍事的・政治的情勢のなかで、房総の各地域は江戸に近接するため、かえってより端的に下総と安房、上総、下総西部と下総東部で異なる位置と役割を与えられます。

その役割による地域性の差異は、明治政府による戦後処理のあり方に〝反作用〟して、良くも悪くも以後の房総・千葉の歴史にさまざまな形で影響を及ぼすことになりました。もちろん、房総三国には、利根川系流通圏とその他の地域が「ひとつの経済圏とはなっていない」と指摘されるような状況もありました。それにしても、房総特有の南北の地域的な差異も包み込みながら、全体としては活発な農水産業の生産活動をふまえて、相対的にはほぼ等質な近世社会として、「首都近接性」をゆるやかな共通項とする1つの〝房総地方〟が形成されていったことはたしかでしょう。

▼柴原県政の性格と千葉の近代化

経済や政治の面ばかりでなく文化にも大きな影響を房総に与えた江戸時代が終わり、房総の近代を考えるとき、「柴原県政」の性格やあり方に目をそむけるわけにはいきません。

柴原《しばはら》和《やわら》。千葉県人でその名を知らぬ者はモグリ扱いされてもやむなしでしょう。歴史的ビッグネームではないかもしれませんが、千葉の近代化を良くも悪くも力強く舵取りした、まさしくこの項のオオトリに相応しい人物でしょう。

柴原は元播磨《はりま》国（兵庫）龍野藩士で、甲府県（山梨）大参事、岩鼻《いわはな》県（群馬）大参事を経て宮谷《みやざく》県（千葉）知事に就任。以後木更津県令、印旛県令を経て1873（明治6）年、千葉県の誕生と同時に千葉県令に任ぜられ、8年間この職を務めました。

木更津県令時代の柴原は「文学アリ、且《かつ》直実ニシテ細事ニ渉《わた》ル」と評され、部下職員もよく「勉強、夜ヲ以テ日ニツグ」ように精励していたといいます。柴原は明治政府の地方統治の〝前線指揮官〟として、房総の民衆を「開明ノ域」に進ませて「明治政府ノ民」に仕立てあげる表明をすることで、より開明的な柴原県政をつくりあげることに邁進しました。

顕著な例を挙げると、まず宮参りや盆踊り、施餓鬼《せがき》、節句、婚姻、葬祭などの旧来の習俗に伴う

芝原 和

「無用な冗費《じょうひ》」を節約するよう説くとともに、堕胎《だたい》、間引きを止めさせるための育児政策も行ないました。1872（明治5）年、育児告諭を発して「鳥獣にもおとる弊習を改めよ」と諭し、育児取締を置いて育児金の集金や交付に充らせます。そのためまず県職員の月給の50分の1を5年間拠出します。この政策は行政が主導して、風俗の改良と社会扶助事業、さらには人口政策の方向に県民を組織したところが独特でした。1877（明治10）年、柴原は著書『県治実践録』のなかで「従来の弊習がほとんど跡をたった」と誇らしげに述べています。

柴原県政の開明的な性格は教育政策にも見られます。学制に基づく「小学校設立ノ妨害」なる家塾開設の禁止（木更津県）、印旛県が創設した印藩官員共立学舎《きょうりつがくしゃ》（のち鴻台《こうのだい》学校）の県都千葉町への移転と、その千葉師範学校への改称、学区と学区取締の設置、学資金規則の制定などがそれ。教育の問題は〝土地人情〟によっては「総峻法《ややしゅんぽう》ヲ設ケル」必要があるとの方針のもとで、千葉県の公立小学校数は明治10年ごろにすでに900校、就学率は40%にも達し、同年、千葉女子師範学校、翌年に千葉中学校も創設されました。

地租改正法に対する対応も個性的なものでした。早くも施行の年には全国に先駆けて「地租改正ニ付人民心得書」を配布し、安房国を選んで先導的な改租事業に着手。この年は、なんと県令に就いたばかりの年。このフットワークの軽さも柴原の持ち味です。改租事業は比較的順調に進んだものの、翌年に職員の放火による仮県庁舎の焼失という事故がおこり、帳簿類が灰となったため、やむなく中止されます。改租事業は1875（明治8）年に全県下で再開され、1880（明治13）年には耕宅地の地券交付を完了。新県庁合は放火のあった年中に新築され、周辺の敷地を買いあげて〝きっちり〟火除地を設定していることも抜け目のない柴原の性格を表しています。

これでもかい摘まんで綴っているつもりですが、とにかく柴原県政の〝電光石火〟ぶりは、書いているこちらが後れをとってしまうのではというほどです。

▼徹底した習俗の排除

文明開化が、明治初期に社会や文化のうえに表われた近代化、西洋化の諸現象であるとすれば、これまでにふれた千葉の地租改正や小学校、地方民会の設立などが「開化」であるのはもとより、それらを強力に推進している柴原県政そのものが文明開化の総合体として県民の前に存在していたといってもよいでしょう。そのもとで県都千葉町に次々と建設される県庁舎や県議事堂、病院、銀

銚子の犬吠埼は本州の最東端であり、日本で一番最初に初日の出を見られる場所とされている

行、師範学校その他の諸学校。郵便・電信や新聞の事業、さらには安房野島崎《のじまざき》と銚子犬吠埼《いぬぼうざき》の洋式灯台や往来する蒸気船なども、時代の「一新」と「開化」の到来を県民に印象づけたに違いありません。

　最後にもう1つだけ〝柴原的事例〟を。

　1876（明治9）年、前述の「風俗の改良と社会扶助事業」の類に拍車がかかります。それは風俗・交通・衛生・用水など、民衆生活の日常的な秩序の維持にかかわる軽犯罪とその処罰の規定。たとえば、入れ墨、春画の販売、外国人の無届宿泊をはじめ、川や堀へむやみに塵芥《じんかい》を投げ捨てたり、他人の田の水を勝手に自分の田に引いたりすること、公の掲示場を破損することなどは、違式罪として贖金を徴収されました。さらに、みだりに他人の争論に加勢することや、道路に牛馬や荷車・入力車を放置したり、通行の多いところで口取り人なしに小荷駄馬に乗ったりすることと、格子・塀や2階などから顔をだして通行人を嘲ることのほか、社寺や人家の垣・壁に落書きすること、女性の断髪などまでもなんと註違罪とされ、贖金を徴収されることに。その資力のないものは、むち打ちや拘留に処する規定がなされました。

果たしてそんな些末なところまで取り締まるほど、当時の千葉庶民が無秩序だったのか、それとも柴原の頑なな性格こそが無秩序だったのかは知る由もないですが、もうどこで句読点を打っていいのかわからないほどの規定、いや〝しつけ〟ぶりです。このように千葉は「明治政府ノ民」にふさわしい文明開化に合わせて〝おもむろに〟県民の風俗や生活を正そうとしたのでしょう。

しかし柴原の目に千葉の人びとはどのように映じていたでしょうか。そして柴原はそれをどこへ導こうとするのか。柴原は県治に関する構想や事績を自ら『県治方向』、『県治実践録』なる著作にまとめ、これを管下に配布。その中で柴原は次のように述べています。

「千葉県ノ如キハ其俗険詖貪猾《けんぴどんかつ》、其人愉惰愚騃《ゆだぐがい》、亦他府県ノ比ニアラズ、……和《やわら》不肖閣下ノ霊ニ憑《よ》リ益々以テ精ヲ励マシ力ヲ致シ、彼ノ険詖愉惰《けんぴゆだ》ノ民俗ヲ率ヒ徐《よう》ヤク開明ノ域ニ躋《の》ボセ明治政府ノ民タラシメ、以テ寄托ノ万一ニ報ゼントス」

要約すると、「地方統治の苦労と自らの功を印象づけるために誇張があるのは当然としても、『腹黒くて心ねじくれ、欲が深くてずるい、愚かで怠け者』——誠に扱いにくい千葉県民を、なんとか「開明」にむかわせ、「明治政府ノ民」に仕立てあげたい」となります。

……公の文書でここまで言えてしまう、柴原の迷いのない姿勢にはもう拍手すら送りたくなってくるほどです。

幼年のときから詩文・学問がよくできた柴原は、「少壮鋭気ニ而兎角《とてかく》人ニ屈下」することができない気性でありました。のち大槻磐渓、安井息軒、森田節斎などに師事し、藩校助教にも登用されましたが、師の節斎も「非を飾るが、一生の病」として破門せざるをえないほどの毀誉褒貶のある人物だったそうです。

こうして柴原は、圧倒的な指導性を発揮する「干渉県令」として、「険誠愉惰」なる千葉県人の前に立ちはだかり続けたのです。当時の歌に次のようなものがあります。

「世の中はみな柴原となりにけり、いたくもしげるやわら草かな」

千葉に共通のキーワードがあるとすれば「大」です。

これまで見た柴原による大革新やそれ以前より千葉に関与した大人物たち。これから見る埋め立て地の大工事。空港やニュータウンの巨大私設、大海原による民族大移動……。どれもこれも一筋縄ではいかない大口案件ばかりです。しかし、これらをひと口に呑み込めてしまうのも、「大らか」な千葉県人の気質に裏付けられているからにほかならないでしょう。

第2章 しかし千葉らしさって、あるの？

開放的？　ただアイデンティティがないだけ??

1 昔も今も移民だらけ！千葉のアイデンティティっていったい？

わが国の夜明けは西国に始まり、その文化は陸を、あるいは海路をたどって東国に伝播してきました。こと千葉県は、本州縦断の主要道路から外れた位置にありましたが、比較的早い時期から、主に海路を経て先進文化を盛んに取り入れていました。

今日では、首都圏の一部に組み込まれ、県の北西部を中心に開発が進み、昔の姿が信じられないような急激な発展を遂げ、その地方色も年月を追うごとに薄れつつあります。いまでは三方を海に囲まれていることなどから「開放的」だの「細かいことは気にしない」だの「楽天的でおおらか」だの形容され、なんだか〝イケてる風〟県民性を確立しているようにも見えますが、じつはそれは本来の千葉という土地が、または古来からの千葉県人そのものが築き上げたものではない場合が、古い歴史をひも解くと見えてきます。非常に〝ごちゃまぜ〟の文化・人種の中を泳ぎまくり、流されるまま、やや〝力技《ちからわざ》〟でいま現在の県民性を確立した部分が見えてきます。

その〝ごちゃまぜ感〟とはいかに?

▼千葉を形成したのは徳島県人?

千葉の古代文化は、俗に「黒潮文化」と呼ばれることがあります。日本列島の東側に沿って流れる黒潮海流に乗って、南西日本の人々とその文化が、東国、特に千葉に流れ込んだというのです。

斎部広成《いんべのひろなり》が自家の伝承を主張した『古語拾遺《こごしゅうい》』によると、阿波国《あわのくに》(現在の徳島)において穀物や麻を栽培していた斎部氏の祖の天富命《あまのとみ》が、一族を引き連れて、804(延暦23)年に東国へと大移動して、肥沃な土地を求めて舟でたどり着いたのが房総半島であり、一族の居住するところをアワと名付けました。つまり、阿波国のアワであり、これこそ現在の千葉における安房《あわ》地区なのです。このあたりですでに、千葉のアイデンティティの一端がその土地本来の由来でなく、まさに「流れ」で形成されたことがわかります。

アワの人々はそこで各種の種を蒔き、農耕生活を始めたところ、非常によい麻ができたそうです。「房総」のフサ(総=麻の古語)の国名はこれに由来するといい、忌部一族の祖神である天太玉《あまのふとだま》を祀って創建されたのが、今の館山の安房神社とされています。安房に散聞される独特の方言は、四国や関西のものが入り込んでいるからだそうです。

農耕だけでなく、当然黒潮文化特有の漁業が盛んに行なわれ、阿波に続き紀伊(和歌山)や土佐(高知)といった国々の漁師の気質が広まっていきました。この南房総エリアには、そこはかとなく南国ムードが漂っていますが、千葉県人のDNAには、陽気でおおらかな南国漁師の気質が息づいているといえるでしょう。

また、古代の安房は、豊かな漁場に恵まれたことから「御食国《みけつくに》」に任じられ、古代から平安時代まで、皇室や朝廷の関係者に海水産物を中心とした御食料（穀類以外の副食物）を贄《にえ》として貢いだ国でした。皇室の氏神は伊勢（三重）にありましたから、紀伊の人間が千葉で穫ったものを、また紀州方面に献上するという〝逆輸入〟的な流通がなされていました。安房の黒潮に沿う民家にも、南方的影響が及んでおり、伊勢神宮や桂離宮に見られる高床構造がその例とされています。また、安房の一宮として信仰される安房大神も斎部氏により創建されたものであるうえ、伊勢神宮を倣ったものです。このように文化的にもなににしてもすべて西国向き、あるいは朝廷・皇族のお口に合うように強制、もとい矯正されるわけですから、これではなかなか「地元文化」を、育む間もないというものです。

安房よりやや北上して外房地区に目を向ければ「白浜《しらはま》」「勝浦《かつうら》」など徳島や和歌山と共通の地名が散見されます。これも、紀伊の漁民が大勢で船団を組んで関東にやってきたことに起因します。そのなかで特に関係が深かったのが勝浦。勝浦市内の鵜原《うばら》という漁村には「粟島神社」や「紀州根」と呼ばれる社のない鳥居が立ち、紀州漁民が居を構えたゆえんといわれています。また、江戸時代初期の寛永期から操業を始めた紀州漁民の数は5000人以上もいたとされています。

有名な九十九里浜の地曳網も、もっぱら紀伊、和泉（大阪南部の海側）など関西の漁民の出漁によって千葉に伝えられたもの。そのほかにも内房の鯛《たい》桂《かつら》網《あみ》や勝山《かつやま》の捕鯨なども、みな紀伊から伝えられたものです。

古くは弥生時代中期から、西方より伝播した農耕技法や狩猟・漁労の経済システムを基盤として生活パターンを変えた房総の古代人。千葉の先住民として千葉のアイデンティティを牽引するはずの安房が南西日本の影響下にあったとは！　ではいったい千葉のルーツとは、千葉の県民性の本質とはどこにあるのでしょうか……。

▼いよいよもって千葉の本質はどこに？

明治維新時には徳川宗家の駿府移封に伴い、駿河の沼津など3藩、遠江の掛川、浜松など4藩が、さらには曽我野藩など多くの藩が房総へ転封され、ここで東海の文化も入り乱れます。遡って724（神亀元）年には、配流地が定められ、伊豆、常陸、佐渡、隠岐、土佐とともに安房が遠流の地に選ばれています。これにより房総に縁もゆかりもない罪人や政治的敗者も交雑されることになり、その〝ごちゃまぜ感〟は、紛れのないものになっていきます。

外房から北上して東総地区で有名な銚子《ちょうし》の醤油製造もまた、摂津（大阪北西部と兵庫南東部）や紀伊など関西からの人材と技術によって始まり、やがて大をなしたものでした。「千葉といえば醤油」というパブリックイメージを持っていた人も多いと思いますが、それも音を立てて崩れていきそうな……。

そして半島の付け根から東京方面の千葉は、東京へ出勤・通学するためのベッドタウンが形成されています。「千葉都民」と呼ばれる、千葉とはまったく縁もゆかりもない、東京への至便性だけを目的とした移民が住まい、東京の影響下にある文化ばかりが着生しています。

いよいよもって千葉っていったい……、とうがった見方をしてしまいそうですが、しかし長い歴史から見れば、外洋に面した半島はかえって海流による漂着などで外来文化が渡来してくる窓口となり、房総という国を早くに活性化させたと考えれば、それこそが千葉の特色といえるでしょう。


農耕文化の発展に伴い、階級社会が生まれ、各地に有力な豪族が現われましたが、房総の諸豪族が大和朝廷に服属した時期は、5世紀前半以降といわれています。当時県内には11の国造《くにのみやつこ》（朝廷よりその地の支配権を与えられる首長のこと）があり、それらの豪族たちが権威を象徴するものとして残した古墳が県内で1万2000基以上も確認されています。これは兵庫に次ぎ全国第2位。うち、100m超の前方後円墳は729基で、この数は全国1位。東京を遥かに凌ぐ古墳の数から、古代房総は東京よりも権力者が多かったことが推察されます。また、ヤマト直属のヤマト系国造が上総に5つ、下総に3、安房に2と他県に比べ多く、千葉は東国の中でも特にヤマト王権と深い関係にあったことがわかります。千葉各所に「ヤマトタケル伝承の地」が多いのもうなずけるというものです。

2つの石室をもつ印旛《いんば》郡栄町の岩屋古墳は日本最大の方形墳として有名で、全国あまたある国造の中でも、岩屋古墳ほどの規模をつくるだけの財力と権力のある首長は少なく、千葉の豪族がいかに勇壮であったかを証明しています。また、それは〝生えぬき〟の千葉県人の気質を裏付けるものでもあります。このような素地があるにもかかわらず、土地柄による権勢に、まさに流され続けてきてしまった千葉なのです。もしかしたら、現在「開放的」とされる千葉県人の気質は、南国漁師のＤＮＡの一方、「もうなんでもいいや」という千葉県人なりの処世術からくるものなのかもしれません。そうでも思わなければ、この並外れた〝ごちゃまぜ〟の波をかいくぐることはできなかったのでしょう。

のっけから教科書のような内容で瞼の重くなった方もいましょうが、第2章では千葉のなりたちや地域ごとの関係性をひも解き、県民性を考察するとともに、「逆襲」のありかをダウジングしていきましょう。

2 エリア多すぎ!? そもそもエリアが重複してるエリアの地域性はどこに?

▼下が上総で、上が下総。覚えておいてください

優れた麻が生えることから名づけられた「総の国」は、大化の改新（645年）で中央集権が本格化すると、「千葉」は「上総国《かずさ》」、「下総国《しもうさ》」の2国に分けられ、国府が置かれます。方位的には、東京に近い北部のほうが「上」、半島南部のほうが「下」と思いがちですが、じつは南部が上総で、北部が下総。まずこれがややこしい。その起因はやはり、西国からの移住が海岸部から始まったため、半島南部のほうが都に近いということで、上総。北部が下総となりました（昔は、陸路より船が発達しており、船のほうが早く都［鎌倉や京都］に着くため、上総つまり半島南部のほうが江戸に近いと考えられました）。

やがて、上総の南方四郡が分離され、「安房国」が置かれ、この3つの国の総称として「房総」

と呼ばれるようになりました。ちなみに、「房」も「総」も、ともに花や実などが茎や枝にむらがりつき、たれさがるような状態を指す古語の「ふさ」に当てる字なので、房総三国とも麻や粟などの産物の豊かな地を示すか、あるいは豊作を祈っての国名ということなのでしょう。その点ではのちに「千葉」と改名した県名と奇しくも同様の趣旨です。

千葉の由来は、「多くの葉が繁茂する」の意で、たくさんの草木が生い茂る原野だったからとも、土地の繁栄を願っての命名だったとも説かれています。地名にこめられた古人の願いが、その後、今日に至るまでの歴史でどこまで実現されたか、あるいはされなかったかの検証も本書を通じての重要な課題であります。

「チ」と「ハ」を図案化した、いたって明快な千葉のマーク。県旗はマークを菜の花の薄黄色で縁取り、地の空色で希望と発展を表わしています。

▼外房、内房、南房総、北総、東総、東葛、南葛、北葛、葛南、京葉……

さて、話を本筋のテーマに戻して、千葉県域のエリアはこの三国（上総・下総・安房）にまず大別されます。地図を俯瞰して見るときれいに〝横軸〟の横三等分のエリア分けとなっています。ここまでは分かりやすくていいでしょう。しかし、もう一方の大別法に「外房」「内房」という半島を縦に2つに割った〝縦軸〟のエリア分けがあります。せっかく分かりやすい横軸の上総と安房だったものを、縦断して真っ二つにしています。さらには外房、内房の下半分の南部は「南房総」というエリア分けもあり、むしろ「安房」というよりも近代では馴染みがいいかもしれません。

この大きく3通りのエリア分けをしたときに、当然〝エリアかぶり〟してくる市町村が発生するわけです。例えば、袖ケ浦《そでがうら》や木更津《きさらづ》あたりは、「上総」であり「内房」であり「南房総」であるわけです。鴨川《かもがわ》あたりも「安房」であり「外房」であり「南房総」であるという混在ぶり。地元の方がたはどのような心持ちで自分の住まう場所をエリア分けしているのでしょうか。前項の問題提起に立ち戻るようですが、自分自身のアイデンティティがある場所をいったいどこに設定しているのでしょうか。

「俺は、上総の人間だから〜云々」「俺は、内房の人間だから〜云々」と言われても、受け手は「えっ、じゃあ君は上総の人間という意識はないんだ」と、どうも腑に落ちません。もし「内房の人間性とは地域性とはこうである」と定義付けているものがあったとしたら、上総や南房総に重複している市町村にも同じことが当てはまるのでしょうか。むしろ、言えてしまうぐらいものなのでしょうか。あ、別に怒ってるわけではありません。単に観光的な目的としてのエリア分けであれば気にならないのですが、もしエリア別に地域性を問うようなことがあれば、それには異論を唱えたいと思うだけです。

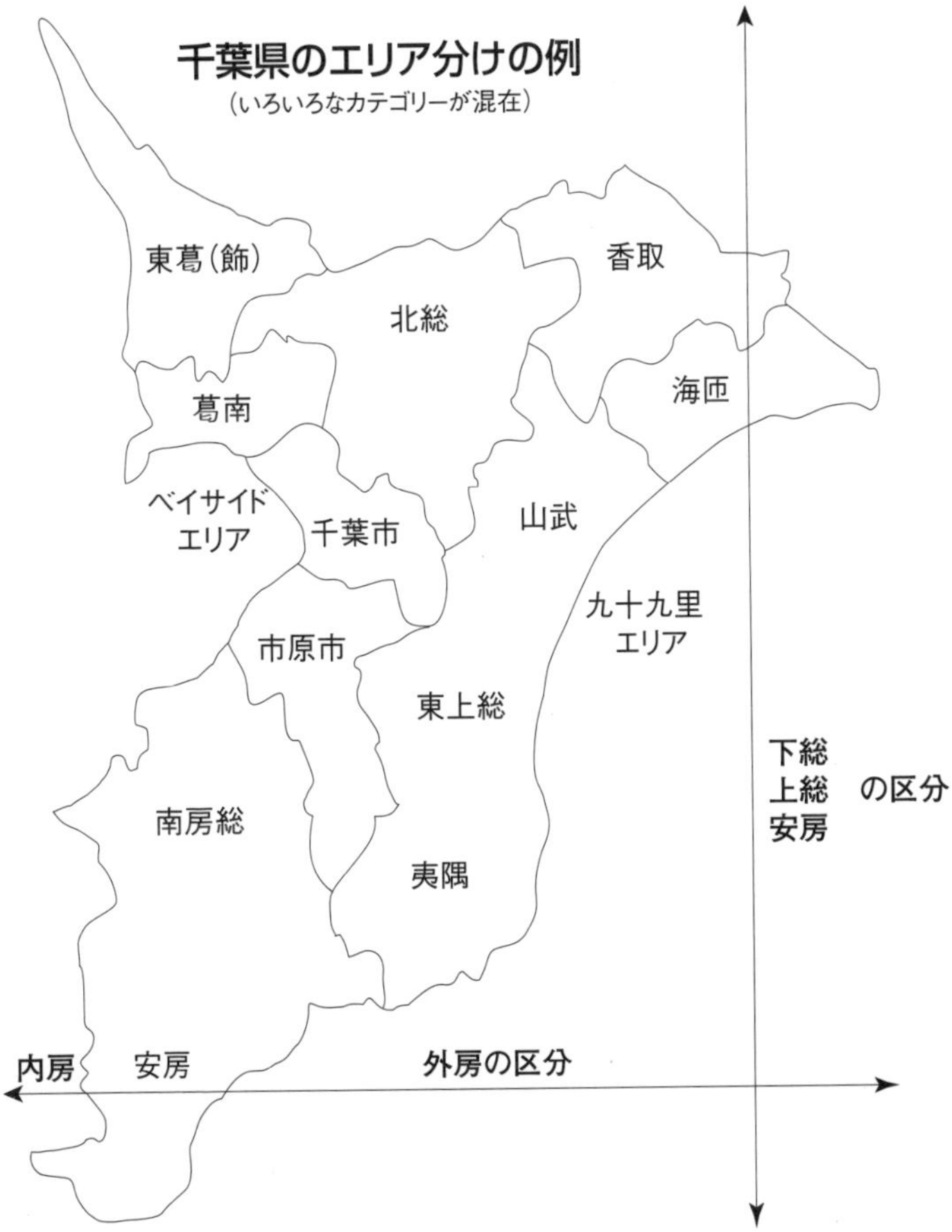
千葉県のエリア分けの例
（いろいろなカテゴリーが混在）
東葛（飾）
香取
北総
海匝
葛南
ベイサイド
エリア
千葉市
山武
九十九里
エリア
市原市
東上総
下総
上総　の区分
安房
南房総
夷隅
内房
安房
外房の区分

▼エリア分裂過多ゆえの「分裂質」な性格？

外房からそのまま北上すればやがて「九十九里エリア」。混在地区は一宮町、長生《ちょうせい》村あたり（上総・外房・九十九里エリア重複）。さらに北上すると「下総」をかすりながらも、「北総エリア」にたどりつきます。さらに北総エリア内の東方は「海匝《かいそう》香取エリア」「東総エリア」とも呼ばれており、混在地区は旭《あさひ》あたりで、九十九里・下総・北総・海匝香取・東総と目下5冠。エリア総なめ状態です。

東京寄りの下総は、上総の星雲状態に比べればややシンプルで、「京葉」エリアから分化された柏《かしわ》や松戸《まつど》周辺の「東葛エリア」、「南葛エリア」、「北葛エリア」と、船橋周辺の「葛南エリア」を中心に、千葉市周辺の「千葉エリア」に「ベイサイドエリア」。もうひとつ挙げるとすれば「首都圏」も大きなくくりとして……。以上列挙してみたらあまりシンプルではないですね。混在地区は千葉市（下総・千葉・ベイアリア・首都圏）。

全体からさらに「郡」に分けてしまうと、下総に12、上総に11、安房に4もの郡があり、いよいよその地域性は微細なマトリックスになってきます。

さて、いったい誰がためにこんなにもエリアを設けたのでしょうか。そして、そもそも千葉県人自体が理解しているのでしょうか。これには、半島であるがゆえ「袋小路的」な地域性を生み出してしまったのではないでしょうか。そして、その袋小路が及ぼす閉塞性が、千葉では長く問題視されてきました。地理的にも東北日本と西南日本の接点にあたる千葉に生まれてきた人々の県民性については、これまでも多くの議論があったようです。そのなかでは宮城音弥《おとや》氏の論（『日本人の性格』）が今なお示唆的です。

宮城氏は生まれつきの体質ともいうべき人の気質を、特に分裂質タイプか躁鬱質タイプかを中心に考察しています。こと千葉においては東北全域から関東沿岸部、さらに東海、紀州、南四国、南九州、沖縄と広く分布している分裂質タイプの多い地域に属しているとしており、おそらく日本列島の先住民の系統を引く人々の多い地帯だといいます。これに対して北九州、瀬戸内から畿内を経て北陸南部などへ東進するのが躁鬱質タイプの多い地帯で、これらのグループは、より新しく日本に住みついた可能性が高いそう。

このように、氏の調査によれば、〝生えぬき〟の千葉県人の気質は分裂質タイプで、性格は弱気、保守的、理想家肌、悲観的、礼儀正しくない、などとしています。よくもまあここまで断定してしまったものです。千葉の歴史的人物を例にすると、日蓮《にちれん》が分裂質タイプで、しかも弱気を転じた積極的で戦闘的な人間として、これが県民性の代表とのこと。ただし、県民一般には弱気で神経質のタイプが多いそう。さてどっちなのでしょう、ふだんはおとなしいけど、キレたら手がつけられないというところでしょうか。

▼東北日本の最南端かつ西南日本の最北端

内陸部においては「香取《かとり》の海」を擁し、また外縁部は内湾（江戸湾）と外湾（太平洋）に囲まれた袋状の半島であるがゆえの閉塞性はたしかに頷けなくもありませんが、一方では半島であるがゆえの開放性も持ち合わせていると思います。特に、陸上の整備がされていない古代であればあるほど海流による外来文化渡来の玄関となり、文字通り「開かれた」場所ということになりますから。

東と南が太平洋、西は東京湾という、すべてを飲み込んでしまうこともある海のような自然を前にすると、人間は逆立ちしても勝てないという一種あきらめにも似た気持ちを抱くため、「さばさばとした」性格に育まれることは充分に推察できましょう。明るくておおらかな楽天家が多いとされることもこの推察に紐づけられると思います。

地形的にも、山なし、石なしと言われる平坦な両総台地が広がり、山がちな日本の国土の中において、日本一の低平県となっています。このなだらかな地形も、穏やかな性格を形成する一端でしょう。その半面、粘りに欠けるところがある、という指摘もありますが……。

宮城氏の見解とはほぼ対極の県民性ともいえますが、前述したとおり、千葉は県北部が文化・産業・風土のうえで東北日本の最南端。一方、県南部は西南日本の最東端。「二元性」があって至極当然なのです。むしろ二元性を「兼ね備えている」千葉県人。「大胆かつ繊細」、「蝶のように舞い蜂のように刺す」ような誰しもが理想とする人間性を備えているといえるでしょう。その半面、つかみどころがない、という指摘もありますが……。

▼千葉の県民性を裏付けるBIG3

「細かい」タイプの日蓮と並んで有名な千葉出身者に伊能忠敬《いのうただたか》がいますが、こちらはどちらかというと「細かくない」タイプのようです。現代よりも日本固有の宗教心や迷信、祟り、天罰などを恐れ、重んじた日本人にとって、土地馴染みのない場所や曰くつきの土地へ足を踏み入れることはある種不届きな行動でした。そこへいくと伊能忠敬は、ツバメが落ちようが、ワラジの紐が切れようが、酒樽が割れようが気に留めることなく測量に邁進したとか。ただ業務はあくまで測量であり、政府からの「公的な仕事」。公務に対する忠実な義務感に正確性も持ち合わせた千葉県人特有の性格が日本地図を完遂させたといえるでしょう。こう思索すると、伊能忠敬は千葉の二元性を兼ね備えたバランス型なのかもしれません。

伊能忠敬唯一の肖像画（千葉県香取市　伊能忠敬記念館所蔵）

楽天家タイプの代表選手といえば、伊能忠敬ではなくやはり長嶋茂雄（プロ野球巨人軍名誉監督）をおいてほかにいないでしょう。「決してネバーギブアップしない」長嶋茂雄の楽天家たる逸話の数々はここで紹介するまでもありませんが、ひとつだけ。佐倉町臼井町学校組合立中学（現・佐倉市立佐倉中学校）卒業時に残した「雨を喜び、風を楽しみ」という一文。自らが地球上の森羅万象と同化せんとする達観ぶり、というか楽天ぶり。弱冠15歳にしてこの境地に至るまでの性格が育まれたのは、きっと千葉の風土あってこそのもので、しょう、ええ、きっと…。

また、「（長嶋茂雄曰く）ＳＭＡＰのキムラタロウ君」こと木村拓哉も現代の千葉が誇る大スターです。

3 名物——個々のブランディングの巧さ

▼県の名物＋on《プラスオン》の名物づくり

エリア区分過多ゆえマトリックス化している感のある地域性ですが、それはそれで地域づくり、地域興しという点では、範囲が狭くなっているぶん、注力しやすかったようで、「千葉愛」のような広い範囲の郷土愛というよりは、「地元愛」を育みやすい環境であるようです。

たとえば「千葉といえば？」の問いには「落花生」「里見八犬伝」「菜の花」。この3つくらいの回答が大多数でしょう。これは千葉に限ったことではなく、東京でも同じこと。「東京タワー」「スカイツリー」「浅草」くらいのものです。ライバル県と目される埼玉なら「レッズ」「草加せんべい」「狭山茶」がせいぜいでしょう。

しかし、千葉には〝その先〟があります。県規模での名物や名産の波及に注力するよりも、個々の地元の名物の普及活動に力を入れる傾向があるのです。この性質は、地元愛皆無の埼玉ではまず考えられないことでしょう。つまり、めいめいにブランディングが巧い素地があるのです。その素地こそが「閉鎖的」と揶揄されてきた半島という地形にあります。

▼自然体で「一村一品」運動

して、〝その先〟とは？

千葉エリアから列挙していくと、千葉市は加曾利《かそり》貝塚。幕張は新都心、幕張メッセ、千葉ロッテマリーンズ。佐倉《さくら》は佐倉宗吾による「佐倉義民伝」、蘭学、長嶋茂雄、印旛沼。八街《やちまた》は落花生の主産地。成田は門前町に成田山新勝寺《しんしょうじ》、うなぎ、国際空港。

京葉エリアへ行くと、八千代《やちよ》は「八百屋お七」伝説。浦安はディズニーランド、山本周五郎「青べか物語」。鎌ケ谷《かまがや》は大仏、梨。松戸は「野菊の墓」、「矢切の渡し」。流山《ながれやま》は近藤勇最期の地。柏はレイソル。野田はなんといっても醤油。

海匝香取エリアへ目を向ければ、香取郡全体は水郷情緒にあふれたいにしえの商業都市。江戸の町並みが続きます。シンボルはなんといっても香取神宮、そして伊能忠敬生地、切った張った飯岡・笹川氏の『天保水滸伝』。銚子は国内有数の銚子漁港、醤油製造、犬吠崎、ぬれ煎餅。

南下して九十九里浜はどこまでも続く白浜にサーフィン、地曳網、イワシ料理、太巻き寿司。いすみは伊勢エビ。御宿は「月の沙漠」。東金《とうがね》は「オジャッシー」の雄蛇ガ池《おじゃがいけ》。大多喜《おおたき》は山城に城下町。さらに南下して鴨川はシーワールドに大山千枚田。南房総はビワにクジラ料理。鋸南《きょなん》町は源頼朝上陸地、だいだらぼっち伝説。富山《とみやま》町は『里見八犬伝』。天津小湊《あまつこみなと》町は日蓮の誕生寺。と、千葉の先住民がいた安房郡や半島の南端はなにかとトピックが濃い口です。

内湾に戻り内房の木更津はアクアライン、映画とドラマの「木更津キャッツアイ」、歌舞伎「玄《げん》冶店《やだな》」の「切られ与三郎」と「お富」、タヌキの証誠寺《しょうじょうじ》と盛りだくさん。富津《ふっつ》はマザー牧場、鋸山。市原《いちはら》はジェフ、養老渓谷。

――と、まあ書いてるこちらが生気を吸い取られそうなほどの活気強いラインナップですが、これもほんの一部。のちほど詳しくふれるものはふれるとして、とにかく巨大施設から伝説から童謡・演歌、小説、農水産物までオールジャンルなうえ、どこもキャラが濃ゆい。その土地土地に残る謂れや伝記、名産を丁寧に拾い上げ、シンボルにまで昇華させるまでには、やはり地元愛がないと息切れしてしまうものです。大分県の「一村一品」運動のような県からの呼びかけではなく、地《じ》でやっているという風潮が千葉には古より連綿と受け継がれています。

▼千葉を語るに欠かせない『里見八犬伝』

右に挙げた「一品」をすべて解説するのはさすがにきりがありませんが、どれか1つと言われれば、やはりまずは千葉随一のブランド『南総里見八犬伝』の紹介をしなければでしょう。このあとも里見氏の名はどうしても出てくるでしょうから。

里見氏は戦国時代、安房を拠点として房総半島を席巻し、北条氏と熾烈な攻防を展開した関東を代表する大名。江戸時代初期まで安房国を統一していましたが、江戸の喉元を押さえる要地だったため、徳川家康に憎まれて改易を強要され、のち断絶してしまいます。

『南総里見八犬伝』の著者は江戸時代後期の戯作者・滝沢馬琴《たきざわばきん》。1814（文化11）年から前後じつに28年余を費やし完成させた大長編伝奇小説で、9集98巻106冊にもわたっています。

物語は、中世の安房国を中心に展開し、雄大なスケールの中、400余名に及ぶ人物と複雑な事件が絡み合い、波乱曲折に富んでいます。あらすじは次のようなものです。

室町時代の中期、安西景連の軍勢に包囲された滝田城（安房郡三芳村）の主・里見義実（安房里見氏の祖）は、討死を覚悟したが、飼い犬の八房に向かって「敵将景連の首を咬み切ってきたら、娘の伏姫の婿にしよう」と言った。八房はその使命を果たし、戦いは里見方の勝利に終わった。

伏姫は八房とともに富山の奥に入ることになり、そこで犬の気を受けて懐妊。しかし、姫は身の潔白を証するために切腹する。するとその傷口から、仁・義・礼・智・忠・信・孝・悌の文字を刻んだ八つの珠が空中に飛散した。

やがて十数年ののち、この八つの徳目と、珠と、身体の一部に、ぼたんの黒あざとをもった「八犬士」が現われ、不思議な因縁の糸に操られて相会し、里見家に忠勤をはげみ、その興隆に尽くすこととなる。

――これが物語の大略ですが、著者の馬琴はこの執筆中に失明し、息子の妻に口述筆記をさせ、ようやく稿を終えたそう。馬琴にとって文字どおり精魂を傾けた作品でありました。のちに、「我を知る者は、それ八犬伝か」と述べたように、自他ともに認める代表作であったことがわかります。

テレビドラマになること6回、映画になること9回。千葉にゆかりがなくとも、いまや知らぬ者はいない超大作。しかし馬琴が失明してもなお、28年間も続ける理由はどこにあったのでしょう。

「旗本の用人」という恵まれているとは言い難い家庭環境に生まれた馬琴。しかも9歳のときに父が他界し、そのあとは、医、儒、俳諧、占、出版と職を転々とし、あげく辛うじて下駄屋の婿になって生活の見通しができたくらいなので、すでに世間に対して鬱積したものがありました。その不器用な馬琴がようやく読本の世界に所を得、題材に里見家を選んだのも、その悲運への同情にあり、自分の住む世界に対する抑圧感からだったようです。馬琴は武士社会の底辺にありながら、強烈な階級意識の持ち主でした。

そして、黄表紙、合巻に飽き足らない読本読者―知識層の「ウケ」を第一義に考えたしたたかさが、このような長編になった理由でしょう。読者ターゲットはあくまで江戸庶民。流行に敏感な江戸庶民にとって、〝レジャー目的〟で千葉へ赴くことがあるとすれば、「成田詣」が筆頭であり、半島の、ましてや南端の安房まで足を運ぶことは皆無に等しかったといえます。そこで物語の舞台を

館山城、八犬伝博物館　提供(社)千葉県観光物産協会

安房にしたことは、江戸庶民にとってほどよい物理的・精神的距離感を煽る、どこか新鮮味をそそるものだったのでしょう。しかもそこで生まれた英雄・里見氏は劇中では活躍するものの、史実では悲劇の一族という位置付け。この絶妙なほどよさが「売れる」要素だったといえます。

つまり、馬琴は何らかの外圧によって「続けさせられていた」のではなく、馬琴の本望のままに「続けていた」というほうが正しいのかもしれません。

4 海あり山あり平野あり都市部あり、そして東京近接。じつは最強？

前項で千葉ブランドの一部を羅列しましたが、少なからず千葉のポテンシャルが伝わったかと思います。これら多彩なブランドの数々から浮かび上がることがあります。それは、その産物なり名物が海のもの山のもの、または平原のものとオールジャンル押さえているところ。と、ここまでなら海沿いの地方であればかないそうなものでは、と思われるかもしれませんが、千葉ならではの〝得意技〟は、大都市東京を近接にした都市部を擁すること、また対東京の商圏があることです。これほどのツールプレーヤーは他県に類を見ません。ライバル県の埼玉にはまず「海」がないことで大差を生み、同じく神奈川には農漁業で大きく優位に立っています。

海あり山あり平野あり商工業あり都市部あり、そして東京近接。じつは最強？　そんな千葉県の産業を手短ながら紹介しましょう。

▼農水・工商すべて自前でまかなえるポテンシャル

これまでもちらほら述べてきましたが、千葉の産業といえばまずはやはり水産業。銚子漁港を擁することが大きく、毎年水揚げ量は全国トップクラス。豊富な海産資源を背景に水産加工品の生産量は全国2位です。

江戸時代より「江戸の穀倉地帯」というポジションをあまんじて受け入れ、とにかく江戸で食べられるもの、使われるものはすべて千葉がつくっていましたと言い切るのはいささか大口が過ぎるかもしれませんが、実際千葉は「江戸の台所」と呼ばれるほど大消費地・江戸に物産を供給してきました。それは江戸が東京に改名した後も続いています。

千葉の総面積に占める耕地の割合は、25・6％と全国でも2番目に高く、首都圏に農作物を出荷する「近郊農業」が盛んに行なわれています。農業生産額に占める割合では、野菜がもっとも高く（39・7％）、ネギ、ホウレンソウ、サトイモ、カブ、枝豆ほか、多くの農作物が収穫量日本一を誇ります。下総台地ではナシなどの果物の栽培が、南房総では温暖な気候を利用して花卉の栽培も行なわれています。畜産物の農業生産額に占める割合も高く、卵を産む鶏の数も全国一！　この畜産分野はライバル神奈川も稀薄な側面でしょう。

米作も盛んで、特に江戸時代、江戸に近い下総で新田開発が活発に行なわれました。大きなところでは、佐原の十六島が開拓されたのち、椿の海（九十九里浜北部の香取・海上《うなかみ》・匝瑳《そうさ》に面した入海が発達した淡水湖）の干拓工事が始まり、有名な「干潟八万石」が誕生しました。手賀沼と印旛沼の干拓も計画され「治水の天才」染谷源右衛門が着任し、印旛沼に溜まった水を江戸湾に流すしくみを考案し、開発に取り組みました。しかし数回試みたものの、度重なる水害や資金難のため完成するには至りませんでしたが、この施策におよぶ各地での通水により周辺一帯が水田となりました。しかし、この印旛沼の干拓工事、じつはとある裏事情があったようです。

▼印旛沼の「秘密」

印旛沼西端から江戸湾に面した検見川への掘削工事は、横戸村を分水嶺とする2河川の拡幅通水が目的でした。その狙いはもちろん新田開発による直轄領の拡大と治水、そして内陸水運による米価の安定でした。水運の発展は、江戸時代の房総の経済においても重要な役割を担っていました。江戸時代に房総には有力な大名がいなかったこともあり（里見氏を除いてことごとく譜代あるいは旗本だった）、大きな城下町の発達はありませんでしたが、そのぶん江戸の消費を支える地域として水運を発達させ、独自の産業を発展させたのです。

川舟の経路や運行状況がまちまちであると、運賃や手間賃も当然まちまちになるので、それにかかる米の価格も定まりませんから、江戸としては房総の内陸水運の安定化を狙うのは当然でありましょう。話は印旛沼の干拓工事に戻りますが、前述したとおりこの工事は幾度も工事半ばで頓挫していました。その最大の難点は、沼の化土層（腐食土層）でした。掘れども掘れども一夜にして元

西印旛沼
(印旛沼サンセットヒルズから撮影:Unaaari)

通りになるほどにドロドロとした土が工事の進捗を阻みました――、というのはまま事実でもありながら、建前の部分でもあるようで、この水運の向上により、房総―江戸間のみならず蝦夷・奥州方面からの物産が江戸に直結するのを嫌った関西の政商や、大鑑を建造して蝦夷進出を目論む水戸藩による「裏工作」があったのではないか、とまことしやかに囁かれています。

その傍ら、幕府が推し進めていた利根川の治水が65年の歳月を経て完成していました。利根川の本流が銚子で太平洋に注ぐようになったのは、じつは江戸時代のこと。それまでは埼玉の川俣付近から南流し、今の中川筋を通ってから江戸湾に流れ込んでいました。

この治水により江戸との交流がさらに拡充した房総は、銚子・九十九里沖の海産物や水郷・新島方面の米穀、そのほか薪炭や雑貨類が円滑に川舟輸送されるようになり、県内総生産は大いに飛躍しました。利根川沿いの河岸場は繁栄し、銚子をはじめ小見川や佐原、木下などに豪商を生み出しました。

これに伴い、銚子の河岸場では、廻舟の「洗濯宿」に遊女が置かれるようになり、江戸の遊女屋と同じような様相となってきました。村の醇風が変容すれば、銭使いの経済に馴染みはじめた村人たちは、それとともに町場の消費的風俗にも染まってしまうというのは当然のなりゆきでしょう。この話の流れのついでに、『里見八犬伝』に次ぐ房総の雄編『天保水滸伝《てんぽうすいこでん》』にも少しふれましょう。

▼銚子の気風のよさを物語る『天保水滸伝』

河岸場や町場は、博徒などのアウトローも棲息しうる場所でもありました。こと銚子で名を売った腕っ節の2人といえば笹川繁蔵と飯岡助五郎。浪曲や講談で知られる『天保水滸伝』は、東庄が舞台の笹川繁蔵と飯岡助五郎の2人の狭客の勢力争いの物語です。

主役の1人、笹川繁蔵の生家は香取郡の笹川河岸の後背地にある羽計《はばかり》村。代々醬油と酢の製造を生業とする財産家でした。そのため繁蔵は幼少のころから漢字や数学、剣など著名な師について学び、優れた人物であったといわれています。その後、相撲取りになるために江戸へ出ましたが1年ほどで戻ってきます。それから賭博場へ通い始めると、博徒としての才覚が開花。元来の人間性と度胸が親分として素質があった繁蔵は笹川の賭場の縄張りを譲り受け、笹川一家を張ることになりました。天保6年には羽計村の娘を連れ出し、広域に警察権を発動する「関東取締出役」に捕縛される大事件を起こします。天保13年には諏訪神社にて奉納相撲を名目として農民救済の花会を開きました。この花会にはかの国定忠治や清水次郎長らなど天下に知られた狭客も参席し盛大なものとなりました。

一方の飯岡助五郎は相模国（神奈川）三浦郡の出生、江戸相撲年寄友綱に関与しますが、これも

1年ほどで戻ってきます。出稼ぎ先として九十九里の網元の下で漁夫となりました。その後、飯岡浜に移住すると、漁夫仲間の顔役として、繁蔵と同様に博徒の親分として下総一帯に勢力を誇っていました。やがて銚子方面へも勢力を伸ばし、関東取締出役の道案内役を務めるまでになります。

両者の勢力が増していくと当然衝突も起こり始め、ついに対決する時が。天保15年、利根川下流域に勢力を広げてきた繁蔵が助五郎宅に斬り込んだところ、助五郎側は繁蔵を捕縛しようと手下を引き連れて笹川河岸で大乱闘事件とあいなったのです。この物語はやがて講談化され、二代目玉川勝太郎の名調子によってすっかり〝傑作〟となっていきました。

ちなみにこの劇中では助五郎が悪玉、繁蔵は善玉として描かれています。どの土地でも、やくざ渡世の者をよく言う者はいないし、ましてや天保水滸伝中で悪玉となれば、さぞや地元の評判も悪いのでは？と思われますが、じつは飯岡では助五郎を悪く言う人はほとんどいません。大津波で疲弊した飯岡へ自分の故郷相模の人々を多数呼び寄せて再建を図った恩人として今なお崇敬され、地元・玉崎神社の境内には助五郎の顕彰碑が置かれています。

▼醤油3大メーカーが一堂に

千葉といえば醤油製造が有名ですが、醤油の輸送に川舟輸送は不可欠です。水運の向上に伴い醤油製造も隆盛をたどります。繁盛を極めた地域は銚子、そして野田。江戸時代中期には江戸の醤油需要の大半が野田のもので賄われるほどになりました。

銚子では摂津出身の田中玄蕃が1616（元和2）年に溜《たまり》醤油の製造に乗り出すと、1645（正保2）年には紀州から銚子に移住した浜口儀兵衛が醤油づくりを始めました。この田中玄蕃こそ現「ヒゲタ醤油」の、浜口儀兵衛は現「ヤマサ醤油」の創始者なのです。

野田の醤油は銚子よりも歴史が古く、1558（永禄元）年に飯田市郎兵衛なる者が醸造をはじめたのが端緒とされています。本格的な操業は上花輪村の名主・高梨兵左衛門によるもので1661（寛文元）年。味噌の醸造から転業した茂木七左衛門は明和年間1764～1772年に創業。そして、1917（大正6）年に、高梨・野田一族と流山の堀切一族によって「野田醤油株式会社」（現「キッコーマン」）が設立されました。

千葉の醤油等の出荷額は960億円で、全国の36・3%、約4割もの割合を占めています。生産量も34万4399kl、出荷量は34万2548klで、いずれも日本一。全国に名を馳せる3大メーカーが同県に揃っているのですから至極当然の結果でしょう。

野田・銚子とも醤油の原料である大豆や小麦、塩などが入手しやすい立地であったこと、原料入手から製品輸送におよぶ水運が発達していたこと、気候が醤油づくりに適していることなどが醤油業の発展につながった要因。特に野田は利根川と江戸川に挟まれ水運に恵まれていたため、醤油の一大消費地である江戸へ約8時間で商品を届けることができました。銚子の場合は、舟を使っても10日はかかり、幕末までには江戸市場において銚子を圧していました。

この醤油という分野は、さすがのライバル神奈川も持ち合わせていないでしょう。さて、醤油の話で、千葉の産業の話に戻したつもりですが、だいぶ治水や水滸伝の話に逸れてしまいました。

江戸時代以降はすっかり江戸・東京の後塵を拝してきた感のある千葉ですが、いま振り返れば、事実、江戸・東京のお隣だったからこそ恩恵を受けてきた部分もあるのです。繰り返すようですが、千葉は首都江戸・東京と歩みを合わせて発展してきた県なのです。さらに言い換えれば、「東京を利用して」発展を遂げてきた、いやさ、「東京を利用してやってきた」という優越感さえ芽生えてきそうではありませんか。

飛躍しすぎでしょうか、でしょうね。勢い「東京を利用してきた」という語調が許されるのであれば、これらの産業こそが最たる〝利用実績〟を挙げているといえるでしょう。

5 物産「日本一」ずらり！ でもなぜか他県のブランドに……

▼「二十世紀梨」発祥地は松戸のゴミ捨て場

農・水・工・商すべて自前でかなうポテンシャルを持つ千葉。ずらっと〝順位自慢〟をここで。

東京都区部を対象とした「近郊農業」が盛んな千葉。農業産出額4161億円は全国第5位（2005［平成17］年）。耕地総面積は13万2000haで全国第9位（2006［平成18］年）。県の総面積に占める耕地の割合は25・6％で全国2位（同年）。いかに、豊かな自然を残しているかがわかる数字です。品目別産出額ではダイコン・ネギ・カブラ・サトイモが（2001［平成13］年度）、さらにナシの生産出荷量が（2002［平成14］年）全国第1位。南房総では暖かい気候を利用した花の栽培が盛んで、花の産出額（2001［平成13］年度）全国第2位。

ここでトピックをひとつ。下総台地での生産が盛んな品種「二十世紀梨」。今ではすっかり鳥取

秋の味覚・梨狩り/鎌ヶ谷市　じつはナシの一大産地である千葉。松戸のほか鎌ヶ谷や船橋も主産地で、話題のゆるキャラ「ふなっしー」のモチーフもナシがベースとなっている　提供(社)千葉県観光物産協会

のブランド（全国シェア80％！）として定着していますが、じつはこれ1888（明治21）年に松戸のゴミ捨て場から発見された木が発祥とされています。発見者は松戸で梨園を経営していた松戸家の松戸覚之助で、当時13歳だった覚之助は、親戚宅のゴミ溜めに自生していたナシを見つけ、自宅に持ち帰りました。覚之助はこのナシを自宅の梨園に移植し、10年にわたって大事に育て、実を結びました。やがてその食味が評判を呼び、鳥取が苗木10本を取り寄せ栽培を始めます。梅雨時の降雨量が少ない鳥取の気候がこの品種に適していたのか、栽培量は「20世紀」に入った大正時代に飛躍的に伸びました。一方の千葉は降雨量が多かったために、発祥地でありながらあまり普及しませんでした。

ナシの生産出荷量日本一であるにもかかわらず、全国的に「ナシの名産地」という印象が薄い千葉。一大品種二十世紀梨がもしもうまく普及していたら、名産地の称号をほしいままにしていたでしょう。それともまさか覚之助青年がゴミ捨て場から拾ってきたナシがこんなに名を馳せるとは思わず、つるっと鳥取に苗木を渡していたとしたら、それはそれで手落ち感があるというもの。発見場所（ゴミ捨て場）に「二十世紀が丘梨元町」なる地名を残したり、同町に開設した「二十世紀公園」に「二十世紀梨誕生の地」碑を建ててはいるものの、やや〝後出し感〟は否めません。

▼薩摩でなく房総から広まったサツマイモ

「発祥」続きになりますが、甘藷《かんしょ》つまりサツマイモもじつは千葉発祥。天明・享保・天保と飢饉が絶えなかった江戸時代において、八代将軍・徳川吉宗は、荒料食糧について研究していた青木昆陽にその対策を命じました。そこで、痩せた砂地でも収穫が見込める甘藷に可能性を見出し、甘藷の種芋を薩摩（鹿児島）より取り寄せます。その後、馬加《まくわり》村（現・幕張）で試作を繰り返し、収穫までこぎつけます。飢饉を救うほどの大量のイモは、江戸へ送られました。

いまではサツマイモの名で通るそのイモは17世紀、薩摩に〝逆輸入〟的に伝わり、やがて全国に広まりました。……これまた、他県にお株を奪われる形で一大ブランドを明け渡している千葉。当然、千葉＝サツマイモの名産地というイメージは稀薄です。というかこれは二十世紀梨の〝失態〟よりも前の出来事ですから、二十世紀梨の際に、「あっ昔、甘藷のときにもこんなこと……。おおｰ危ねえ危ねえ」と思いとどまるべきだったのでは？　まあそのへんも細かいことは気にしない楽天家気質ならではの懐の広さというべきでしょうか。

「発祥」「徳川吉宗」つながりで、千葉は「日本の酪農」発祥の地ともされています。これも吉宗により、1728（享保13）年にインド産といわれる白牛《はくぎゅう》が輸入され、丸山町（現在・南房総市）で乳製品づくりがはじまったのが起源とされています。生乳生産量は全国第3位（2000［平成12］年）となっています。

こと甘藷においても澱粉製造へ昇華させたこともあり、吉宗が興した食事業はいずれも加工食品にまでおよんでいます。加工食品製造は現在の千葉の大事な産業のひとつになっていることをふまえると、その礎を吉宗が築いたといっても過言ではないでしょう。

さらに「発祥」「加工食品」つながりで、「日本でのソーセージの製造」発祥の地ともされています。第1次世界大戦時に習志野《ならしの》にあった「習志野捕虜収容所」で、捕虜のドイツ兵からソーセージの製造法が伝えられたそう。捕虜から異国の文化を学び、産業にしてしまうあたりも、千葉県人のおおらかな気質が手伝っているのでしょう……。ああ、だから千葉に「東京ドイツ村」があるのか～、とつい合点してしまいそうですが、その因果関係は不明です。ドイツ村があるのは袖ケ浦です

し。

銚子にて　江戸時代は銚子より利根川、江戸川、新川、小名木川と計48里（192㎞）を経て江戸へ鮮魚が届けられた。その鮮度を保つのは至難の業であった

▼内房にタダで転がる高級食材

漁業総生産量（2002［平成14］年）は全国第5位。銚子港は全国有数の漁港であり、館山、勝浦などでも盛んで、特にイワシやサバの水揚げが多くを占めます。イワシの漁獲量は全国第1位（2005［平成17］年）です。

九十九里の名物に「干鰯《ほしか》」があります。その名のとおりイワシの干物であり、もちろんそのまま食しても美味ですが、江戸時代化政期ごろ、この干鰯は魚肥としてかなりの需要があり、煮て油を搾り〆粕《しめかす》に加工し、網付き商人により江戸と浦賀の問屋に出荷されていました。たとえば伊賀では木綿栽培に反当たり十俵の、摂津では米作に二俵もの干鰯を要していました。さらにその用途は藍、ミカン、砂糖、麻、桑などの栽培に波及し、関東産の30～40万トンの出荷量のほとんどが房総産の干鰯で、まさにそれ自体〝全国的ヒット商品〟でした。

内湾では海苔の養殖も盛ん。かつては遠浅の干潟が広がる千葉市など東京湾奥部でも養殖が盛んに行なわれていましたが、沿岸の埋め立てに伴い、消滅。現在、木更津や富津、船橋などの遠浅の海で養殖されている江戸前海苔は、最高級江戸前海苔として珍重されています。近年では、香りや味のよいアサクサノリを復活させる試みが始まっています。

東京湾奥の人工海浜のうちのほとんどが護岸となっています。この水面下を優先的に占領しているのが「ムラサキイガイ」で、一平方m当たり10kmに達する個所もあるほど。発電所の冷却パイプに引っ付いては取水口が詰まってしまう、ある種やっかいなバカ貝でもありますが、これがヨーロッパでは「ムール貝」と呼ばれる高級食材として扱われるから不思議。フランスの海鮮料理ブイヤベースやスペイン料理のパエリアには欠かせない貝で、ヨーロッパの高級食材店などでは1kg数千円で売られていることも。そうなると話は別。東京湾では「汚損生物」扱いであるムラサキイガイですが、立派な産業資源として養殖することも考えていいのではないでしょうか。

▼伊勢より獲れる伊勢エビ

千葉は伊勢エビ漁獲量全国第1位！

えっ！　伊勢（三重）じゃないの!?と耳を疑った方もいましょうが、千葉は伊勢エビ日本一の生

大原漁港の伊勢エビ/いすみ市　「漁獲量日本一」を周知すべく最近では伊勢エビを使った観光に力を入れるエリアが多く、御宿町では9月〜10月に「おんじゅく伊勢えび祭り」を毎年開催　提供(社)千葉県観光物産協会

産地なのです（三重はいちおう2位）。

千葉は伊勢エビ漁の北限とされており、毎年8月から伊勢エビ漁が解禁。9月から10月にかけて最盛期を迎えます。なかでも外房いすみ沖には黒潮が洗い「器械根」という広大な伊勢エビ漁場が広がっており、大原漁港は日本一のイセエビ水揚げ量を誇っています。黒潮の流れで鍛えられ、複雑な岩礁の磯根で豊富なエサを食べた伊勢エビは、身がプリプリとしてうまみが濃厚です。

すると千葉県人からは「今後は伊勢エビじゃなく、千葉エビと呼ぶべき！」という意見が多く挙がるように。じつはこの問題はすでに千葉県議会で議論されており、「千葉で獲れたエビは『千葉エビ』で売り出そう」という議論がなされましたが、「売れない」などの理由で却下されています。やはり一般消費者の「伊勢エビ＝あのエビ」という固定概念は根強いのでしょう。「千葉エビ」と売られていたところで、それが＝伊勢エビとは結びつかないのでしょう。そもそも伊勢エビのイセが伊勢であることですら知らない人もいるほどですから。

せめてもの施策として、太東・大原から勝浦で刺網により漁獲された大きさが13㎝を超えるものを「外房イセエビ」として千葉ブランド水産物に認定しています。また、千葉では「伊勢エビ」と表記せず「イセエビ」とすることがほとんど。ささやかな抵抗ですが、おおらかな千葉県人にしては抵抗したほうではないでしょうか。

ふと思ったのですが、かつては伊勢が一番の主産地だったので、当然「伊勢エビ」の名が付いたわけですが、もしかしたら古代総の国が伊勢に献上していた海産物のなかにもこのイセエビが供されていたのではないでしょうか。当然伊勢が主産地であることも相まり、皇室の氏神の御膳にイセエビが配される頻度が多かったはずです。それで、このエビ＝伊勢のエビというイメージが強くなった、そしてそのまま伊勢の名を冠した……と。あくまで推察ですが、またも全国区ブランドを取り逃している（かもしれなかった）千葉。まあこれも細かいことは気に――

▼そろそろ〝真打ち〟落花生の紹介をしましょうか

江戸・東京に限りませんが、醤油以上に他県のシェア数を獲得している物産を最後に紹介しておきましょう。それはご存じ落花生！　これまでも何度かその名が出てきていますが、そろそろというか早めにちゃんと紹介しておきましょう。里見八犬伝と同じく、このあとも何度か登場するでし

収穫した落花生を乾燥させるため積む「落花生堆《ぼっち》」は八街の秋の風物詩だ。
提供　落花生問屋フクヤ商店

ようから。

千葉名物代表、千葉の名刺代わり、落花生（ピーナッツ）。全国シェアはなんと80％を占めています。もともと落花生は南アメリカの原産。日本に伝わってきたのは江戸後期〜明治初期とわりと年月が浅い。千葉もとい日本で最初に落花生の栽培を手がけたのは山武《さんぶ》の牧野万右衛門という地主総代が、1876（明治9）年商用で横浜を訪れた際、清国（中国）の商人から「落花生が海外で需要が大きい作物でアル」「暖かい所なら砂地でも良く育ち、土も肥えるヨ」と教えられ、苦悩の末に大枚をはたいて種子を入手。これを千葉に持ち帰り試作を敢行します。ただ、あまりに種子が高価であったため批判の声も多かったとか。しかし次第に商品作物としての有望さが周知され、九十九里地方を中心に栽培者が増加していきました。地味や水利の悪い九十九里沿岸地方や上総台地はかえって落花生の栽培に適していたようで、栽培が普及するとともに地力も増し、この地方の農家も潤いました。
その後、総武鉄道開通に伴い、八街《やちまた》方面に栽培が広がり、1912（明治44）年には作付面積3000haを超えるほどになりました。この落花生だけは、強い気概を持って千葉が最初から最後まで地元ブランドに仕立て上げた好例といえるでしょう。

この章では、房総・千葉のなりたちや伝説、名産物などを通して、その気質をうかがってみました。あるときは東国を牽引し、あるときは他国に翻弄され、あるときはケンカっ早く、あるときはお人よし――。総じるにやはり「おおらか」なのでしょうかね。

第3章

【東葛VS葛南】千葉の覇権争い

千葉の新陳代謝は任せた！

1

盟主はどっちだ！　主導権をめぐる仁義なき？戦い

▼「新しいもの好きで見栄っ張り」な千葉〝都民〟

明治20年代から40年代にかけては、日本の産業革命が驀進した時期であり、千葉の政治・経済の変化は、産業革命の進行に連動して展開していきます。また、戦争の激化とともに〝首都防衛〟として東京に近い市川、船橋、津田沼《つだぬま》町（現・習志野）、千葉市にかけて軍需工場が続々と移転して操業を開始し、東京湾の埋め立て工事も進みます。東京や他地域からの商品の流入も盛んになり、県下の商業活動も活発化。千葉県人の消費生活は多彩なものとなります。〝江戸のお膝元〟として幕府を支えて発展してきた素地もあることから、人びとの往来や商品の流通は、江戸時代以来の道路網と利根川の水運、東京湾側の海運に依存するところでした。しかし、明治後期には、東京市本所から銚子町までの総武鉄道が開通するなどで、人びとの往来も物品の流通方法もしだいに変化することになります。

すると当然東京府に接続する地域や鉄道の沿線では、いち早く新しい生活様式や風俗に染まっていくことになります。東京からもたらされる都市的風潮は、特に青年たちを刺激し、早くから東京の地に遊学する者、職を求める者が多くなります。こうして、東京に近接するいわゆる京葉地区は、東京通勤圏として急速に宅地化が進みます。

近代の千葉県人の気質として漠然と広まっているのは、「新しいもの好きで見栄っ張り」という県民性。これらは、千葉の住民でありながら東京都内に職場を持つ人「千葉都民」が浸透させてきたものでしょう。

▼葛、葛、葛、葛、葛、葛……

京葉地区の〝正式名称〟は「**東葛地方**《とうかつ》（**地域**）」といい、千葉県北西部の東葛飾郡《ひがしかつしか》に属していた旧町村および市制施行後の各市の総称。つまり東葛飾の略称です。その各市とは、野田、流山、柏、我孫子、松戸、鎌ケ谷、市川、船橋、浦安の9市。しかし現在では、もっぱら松戸、鎌ケ谷以北の6市を「東葛」と指すことが多く、市川、船橋、浦安については「**葛南**《かつなん》」と称されます。

2004年、県の東葛飾支庁を改組して新設された「東葛飾県民センター」は、この松戸・鎌ケ谷以北の6市を管轄し、「葛南」の3市は旧千葉郡であった習志野・八千代とともに「葛南県民センター」が管轄することに。「葛南港湾事務所」では千葉港葛南港区を担当しており、担当範囲は市川・船橋・習志野。「県教育庁」では従来、東葛飾出張所が松戸、鎌ケ谷以北の6市を、船橋出張所が「葛南」の3市を管轄し、小中学校教職員の人事異動はこの範囲内で行なわれていましたが、支庁の改組に合わせて管轄が変更されました。つまり——

東葛＝野田、流山、柏、我孫子、松戸、鎌ケ谷の6市

葛南＝市川、船橋、浦安、習志野、八千代の5市

と現在は区別されております。

一方で「鎌ケ谷が東葛は違和感ある」や「習志野や八千代が入るのは無理がある」という声も聞こえてきますが、現在の行政の管轄などの区分から、このエリア分けで話を進めさせていただきます！

また、「東葛」に隣接して「南葛」「北葛」という名称を使う地域もありますが（それぞれ東京都〔旧〕南葛飾郡と埼玉県〔旧および現〕北葛飾郡を指す）、「南葛《なんかつ》」はご存じ『キャプテン翼』ゆかりの都立南葛飾高校の略称、もしくは埼玉県内の医師会名に用いられている程度で、「東葛」と比べて一般的ではありません。

まーーーとにかく「葛」の字の連発で混同された方もいると思われます。しかし、ここまで「葛」を多用してくれると葛飾もうれしいことでしょう。それか対外的にごっちゃに見られて迷惑かのどちらか。

東葛:上左に野田市
中左より流山、柏、我孫子
下左より松戸、鎌ヶ谷の6市
東葛と葛南の略図
千葉市
葛南:左から浦安、市川、船橋
習志野、八千代の5市

▼「東葛」と「葛南」共通する地域特性

してこの「東葛」と「葛南」。当然東京近接のエリアとして都市部が点在し、現代の千葉の商工業の牽引車でもあるわけですが、「じゃあどちらが千葉の盟主よ?」としのぎを削る間柄でもあるわけです。近年は、その〝覇権争い〟が妙な方向にヒートアップしてしまっている感もありますが……。

お互いの地域特性としては、県庁所在地の千葉市よりも東京寄りに位置しており、戦前から東京のベッドタウン化が進んだことから、県都千葉市からの影響力が弱く、また住民は「千葉都民」と呼ばれ、千葉への帰属意識が薄く、県政への関心も稀薄。衆議院が中選挙区制だった時代には、この地域(千葉4区)は1票の価値が最も低い選挙区として政界では知られてきました。

しかし長い間、北東部・南部の整備・開発を重視する県から冷遇されてきたという意識、もとい不満も根強く、2001年には無党派の堂本暁子知事を誕生させる原動力ともなりました。ある意味、県から自立し自己決定権を持つため、東葛・葛南エリアに政令指定都市移行を目指そうという動きもあり、行政レベルでの研究会設置の動きも出ていますが、件の〝覇権争い〟による各市の綱引きにより、具体的な話は鈍化しているようです。

なお、浦安は財政状況が良好であるため、「どこが主導権~云々」や「合併~云々」などには参加しないという姿勢を明確にしています。さすがは、俗には染まらない夢の国のお膝元(?)。また浦安の一部には東京都編入を目指す動きもあります。

同じ悩みや志を持っている者同士であると同時に、似たスペック同士で近隣に割拠しているため、お互いを意識し小競り合ってしまうのでしょう。

▼似た者同士ゆえの小競り合い

元祖(?)東葛地域の東葛(ややこしい)。隣り合う東京、埼玉、茨城に「東葛」という言葉を投げかけて、いったいどのくらいの人がそのエリアを認識しているでしょう? お互いを隔たる利根川や江戸川という〝大河〟はそれほどまでに大きな隔たりなのでしょうか。

そこでやはりキーになるのは「千葉都民」なのですが、しかし「千葉都民」が急増したのはすでに四半世紀以上も前の話。むしろその言葉はもう風化していてもよい頃合いでしょう。しかし、今なお「千葉都民」という言葉が潰えないのは何故でしょう。それは、「千葉都民」は今日も生み出され続けているからでしょう。

たとえばつくばエクスプレス(TX)の開通におよぶ開発に沸く地域をはじめ、古びてしまいそうな地域を蘇らせるべく再開発され続ける東葛は、やはりベッドタウンとしての訴求力が高いのでしょう。となれば通勤通学の利便性が一番に求められているとはいえ、東葛にはほかの魅力や価値があるはずです。

ところが、暴走族や治安の悪いイメージばかりが1人歩きしてしまう松戸。レイソルの柏。あの千代田線の終点なんて読むの？の我孫子。一部の鉄っちゃんが「流鉄」に胸を熱くする流山。なんで日ハムの2軍はあそこなの？の鎌ヶ谷。醤油、以上！の野田。他地域からのイメージはこの程度しかありません。

それに、千葉といえば、やはりメジャーなのは海沿いの地域。ディズニーリゾートや幕張を有するベイエリア、または自然豊かな安房こそ全国的な千葉のイメージ。すでに「葛南」からは「まさか葛南に勝てる《おれたち》と思ってるの？」というスタンスが見え隠れします。千葉で都市化が進んでいるエリアといえば、やはり葛南に帰属する総武線や京葉線沿いを連想します。

一方、東葛がいくら「じょ、常磐線は意外と利便性が高いんだぞ！」と声高に叫んでみても、または柏で対抗できたとしても、松戸や我孫子まで思い浮かべる人は少数派でしょう。東葛で全国区なのは柏レイソルと野田の醤油くらいで、流山や鎌ヶ谷にいたっては、関東圏でもあまり認知されていないほど。内陸部に位置する東葛は東葛民《じぶんたち》が思っている以上にマイナーと言ってもいいでしょう。

しかし東葛の6市をそぞろ歩けば、そこここに「東葛」の文字を見つけることができ、地域には密着していることがよく伝わってきます。そんな6市にはこれまで幾度となく合併話が持ち上がります。

▼「東葛の逆襲」

「東葛の逆襲」として、東葛が虎視眈々と狙っているのが6市の合併。これについては実際に行政の動きもあり、「東葛広域行政連絡協議会」が広域行政推進等事業のひとつとして「政令指定都市問題研究会」を2006年に設置し、調査・研究を行ないました。

その最終報告書によると、6市合併の場合の人口は139万人で全国で8番目（首都圏では横浜に次いで2番目の規模）。農業産出額379億円は全国平均を大きく上回り3番目。経常収支比率90・2％も平均を上回り6番目。おお、ここまでなかなかの結果じゃないですか。と小躍りしそうになりますが、攻勢もここまで。あとの事業所数、小売業年間商品販売額、卸売業年間商品販売額、製造品出荷額などなどの項目は平均値を下回ります。なんともビミョーなこの分析結果を受けてか、東葛6市による合併話は具体化せず、現在は宙に浮いたままの状態です。

そもそも東葛トップ2の柏と松戸が合併するのが一番話が早いのでは、という草案が申し出され、これも研究会において分析がなされます。その報告書によると、2市合併時の人口は約85万人で、14番目。事業所数は18番目、製造品出荷額等は15番目、年間商品販売額は18番目と先行の6市合併よりも見劣りする結果に。母数が減るわけですから、当然と言えば当然。むしろ結果は最初から見えていたはずです。

それ以前に、柏と松戸の間には長く不仲説があります。とはいえ埼玉の浦和と大宮のような泥沼化したものではなく、プライドの張り合いのようなもの。柏は東葛の商業・カルチャーの中心都市として。松戸は行政の中心拠点としてのプライドがあり、お互いにその役割は認め合っているもの の、「あの2市が手を取り合うことは歴史的にも考えにくい」というのが地元でも大方の見解のよう。しかしあの浦和と大宮が合併して政令指定都市になり、如才なくやっているように見える今、柏と松戸の合併は容易そうなのに……というのが正直な市民感情でしょう。

東葛に政令指定都市が誕生すればこれ以上インパクトのある「逆襲」はないでしょう。もし実現した際の市名は「東葛飾市」といったところでしょうか。……自分で振っておいてなんですが、じつは現在の柏市域内に「東葛市」という名の市が存在していたことがあります。昭和の大合併時に誕生した市ですが、そのいきさつは明治の郡区町村編制法云々まで遡り1ページ以上を割くのでここでは割愛します。して、その東葛市、なんとわずか2カ月で消滅してしまいます。その悲喜こもごも1ページ以上を割くのでここでは割愛します。ともかくそのような薄命な市が存在したことは千葉雑学としてひとつ携えておくとよいかもしれません。

▼「葛南の逆襲」

東葛飾地方の南部を指す「葛南」。東葛飾なのに南、また「南葛」とも異なります（ややこしい）。じつは市川が市制に施行される際の市名に「葛南市」が候補であったことは意外と知られていません。しかし市川、船橋、浦安、習志野、八千代の5つの市をまとめて「葛南」と呼称されていることを、どれくらいの人が知っているのでしょうか？　属する市はメジャー級でも、耳馴染みの薄い「葛南」。そんな「葛南」で暮らしている多くの人は、東京に通勤や通学するだけでなく、ショッピングやレジャーなど生活のすべてにおいて東京に依存。地元愛よりも東京愛が強い「千葉都民」の根城です。そうです「こっちも」です。たとえば浦安のベイエリアに林立する高層マンション群に入居する「マリナーゼ」のほとんどが、東京への利便性が目的です。

都心に比べれば地代家賃も物価もお手ごろ。鉄道網も充実。しかしこれだけが葛南の看板と思うなかれ、区域的に京葉工業地帯の一部を担う葛南は、湾岸エリアの工業地帯だけでなく、内陸部にも工業団地が点在するなど、産業も怠っていません。当然、ディズニーランドなどもれっきとした観光産業として県全体を潤しています。また、微かながら漁業も残っていたり、八千代では近郊農業も盛んに行なわれています。

これだけの総合力がありながら、「葛南」というネームにまったくと言っていいほどブランドバリューがないのが残念なところです。とはいえそれぞれバラして「船橋」、「浦安」の名で横浜や台場と一戦交えたところで勝負は見えています。それでも、仮に5市が合併すると、人口は約１６０万人超に。これは県都の千葉市をも凌ぎ、さいたま市や川崎市よりも上回ります。仮計算で財政規模（歳入額）は約4億５０００万円となり、さいたま市に匹敵。千葉市などは足元にもおよばない数字です。これら政令指定都市とも渡り合える規模や力量が葛南にはあるのです。

通称「マリナーゼ」が闊歩する浦安のマンション群

耳馴染みの薄かった方にもほのかに東葛・葛南像が見えてきたでしょうか。

「我こそが千葉最強エリアだ！」と小競り合う姿は、他地域にはただの「じゃれあい」に見えなくもないそうですが、実力あるこの2エリアがしのぎを削れば削るほど千葉全体が活性化されるのであれば、生温かくエールを送りたいというものです。

2 比較検証「京葉ダービー」

東葛エリアと葛南エリアを比較しようとするとき、そこには大きな共通点があります。それは首都圏のベッドタウンとして発展してきたエリアであること。いわゆる「千葉都民」の生息地（？）とまとめてしまえばそれまでですが、細かい意識や生活スタイル、町の機能性において少しずつ違いがあるようです。

たとえば県下一の商業都市の座をお互い譲らない柏（東葛）と船橋（葛南）であるとか、治安が悪いとレッテルを貼られている松戸（東葛）だが市川（葛南）も引けをとらない、など「比較検証」するにはうってつけの両者だったりもします。

ただ、一概にどちらの格が上か下かなど筆者1人の価値観で定義できるわけではありません。この両者の特長と課題を知ってもらうべく、同じ京葉地区内でのダービーマッチという感覚で、5つの項目を設けて簡明に書き連ねてみました。

①「京葉ダービー」歴史くらべ
葛南の雄・船橋に比べ、東葛の雄・柏の歴史は意外に浅い？

県都千葉市に次ぐ人口数を誇る葛南の雄・**船橋**。地名の起源については諸説ありますが、伝説では日本武尊（ヤマトタケル）が東征の折、海老川を渡るために船で橋をつくったのが由来とされています。規模の大きな貝塚が発見されていることから、縄文時代からかなり大きな集落が存在していたと推察されます。船橋の名を世に知らしめたのは、鎌倉時代の歴史書『吾妻鏡』に石橋山の戦いに敗れ安房国に上陸した源頼朝が、軍勢を連れて北上して鎌倉に向かったときの陣地として船橋という地名が載ったことにあります。中世には海老川河口の港として交通の要地となり、やがて房総往還・御成街道・佐倉街道などの房総の主要街道を抱えるようになります。徳川家康と縁の深い船橋東照宮もあり、間の宿として栄えます。

市の中東部には明治天皇が千葉県下に最初に行幸した際の目的地となった習志野原が存在。現在ではそのことに由来する**習志野**、**習志野台**などの地名が見られます。習志野には水鳥の楽園「**谷津干潟**」があり、貴重な生態系を織りなすことから特別に埋め立てを免れ、ラムサール条約登録地になったほどです。葛南で唯一海に面していない**八千代**は、成田街道の大和田宿が、成田山への参拝客のための宿場町として栄えた歴史があります。

葛南内で船橋に対抗心を燃やす**市川**も歴史ネタに事欠きません。万葉集に詠まれた真間の手児奈《てこな》伝説の舞台・市川。奈良時代には下総国の国府と下総国分寺・国分尼寺がありました。現代になぞらえ簡単に言うと、市川は県庁所在地だった栄光があるのです。また明治維新後、勝海舟の案で国会議事堂の建設予定地になったり、大学校（後の東大）設立の候補地になったこともあります。

北原白秋、永井荷風、幸田露伴（次女の幸田文、孫の青木玉も同居）など数多くの文人が好んで住まい文士村を形成していた市川。これらの人物の趣ある住宅の存在や、古刹が多いことなどから**「千葉の鎌倉」**と呼ばれています。そしてなにより房総史上最高峰の名戦、北条氏vs里見氏の戦場でした（現・里見公園）。

のっけから船橋にビッグネームが続々登場し、先取点を取った感のある葛南。対する東葛はどうでしょうか。

「～の鎌倉」なら東葛も負けていません。大正時代から昭和初期にかけて**我孫子**は**「北の鎌倉」**と称され、志賀直哉、武者小路実篤、柳宗悦、バーナード・リーチなど錚々たる文化人が居を構えたり別荘を持っていたことで、市川よろしく文士村を形成。白樺派の拠点となっていました。

そのきっかけは柳宗悦が風光明媚な**手賀沼**の風情に感銘し、志賀らを誘引したことにあります。

ちなみに手賀沼は江戸時代から良質なウナギの主産地でもありました。

「〜の鎌倉」合戦には**鎌ヶ谷**も名乗りを上げています。その理由は「**鎌ヶ谷大仏**」の存在にあります。しかし「大仏」の名に釣られ赴くと、その〝小仏〟ぶりにおののく人が後を絶ちません（全長1・8m）。じつはこれ福田文右エ門という個人が、先祖の霊の冥福を祈るために建立したもの。本家鎌倉大仏のような由緒はありませんが、むしろ個人レベルで建てたものとしてはそれはそれで評価できましょう。小仏とはいえ鎌ヶ谷随一の名所となっており「鎌ヶ谷大仏駅」なる駅があるほどです。

野田はなんといっても醤油製造の歴史。東葛どころか千葉きっての看板です。また、江戸時代房総に多数存在した藩の中で、旧関宿町の関宿藩は老中を輩出した名藩でした。

隣り合う**流山**は東葛の中でもいまいちの知名度ですが、かつては江戸川や利根川運河を利用した水運で栄え、一時期「葛飾県庁」が置かれるほどの町でした。水運で栄えたのには、野田の醤油と同様に、みりんの存在が大きく、流山はみりんの原材料となる米の名産地で、高品質の「本多米」は日本橋の市場で高値で取り引きされていました。

幕末期には新選組が本陣を置いた幕末ファン垂涎の地だったりもします。新政府軍に包囲されたため隊長の近藤勇が出頭し、盟友土方歳三との離別の地となりました。俳人・小林一茶がかつて属していた「葛飾派」は流山が拠点。流山の豪商数名が一茶の〝パトロン〟となり、その後名を成す一茶の旅の費用などを出していました。

手賀沼

鎌ヶ谷大仏

矢切の渡し

松戸の地名も船橋と同じくヤマトタケル由来という説が。ヤマトタケルが従者とこの地で待ち合わせたところに祠を祀ったという古事から、「待つ里」↓「まつど」↓「松戸」と称される所以になったとか。江戸時代の市域は、水戸街道の宿場町として栄えたことから水戸徳川家とのつながりが強く、鷹場も多く存在しました。そして有名な「**矢切《やぎり》の渡し**」。近代では演歌の題材としてのイメージが強いですが、先に全国に有名になったのは明治時代、伊藤左千夫の小説『野菊の墓』の舞台になったことが大きいでしょう。渡しには同小説の文学碑が建立されています。

以上東葛の各市は歴史ネタ満載で、各市のホームページのトップにも当然これらを見所とした「観光」の文字が躍りますが、肝心の東葛の雄・**柏**にはその文字は見つけられません。

松戸が宿場町として繁華していた江戸時代、そのころの柏は取り立てて特徴のない「通過されるだけの土地」でした。いまでこそ東葛の旗頭的存在ですが、かつて重要な河岸場であった野田や流山よりも〝格下〟でした。これだけは断定できます。特筆すべき柏の歴史はほぼ明治以降に限定され、それも高度成長期まで飛び、東葛でいち早く駅前の開発に着手したことが語られます。それは決してこの項目で展開している〝歴史語り〟とは異なるもので、残念ながら同じ土俵に上げるわけにはいかないでしょう。

ネタ数としては互角といえる歴史ラウンドでしたが、大一番で柏に土が付いてしまったので（決まり手＝肩すかしもしくは引き落とし）、葛南に軍配を上げることにしておきます。

②「京葉ダービー」インフラくらべ
葛南優勢だがＴＸ開通で東葛に追い風

単純に「都市化レベル」を推し量る目安の1つに、生活の必需品である上・下水道の普及率があります。首都圏に住んでいると、日本ならどこでも普及していて当然のように思ってしまいますが、じつは現実的にそんなことはなく、東葛と葛南の各市の普及率は100％に至っていません。千葉県県土整備部下水道課がまとめた2009年3月末時点での東葛の各市は、**柏**が約86％（人口比。

以下同)、**我孫子市**が約79%、**松戸**が約78%、**流山**が約70%、**野田**が約55%、**鎌ヶ谷**が約53%という結果。野田と鎌ヶ谷は町場の発展を見れば当然の数字といえましょう。

対して葛南の各市は、**浦安**が99%、**八千代**が92%、**習志野**が約85%、**市川**が約67%、**船橋**が約66%。うち下水道に限ると、市川67%、船橋66%と低めの普及率。表層的には都市化が進んでいるように見える葛南ですが、深層はわからないものです(特に船橋)。浦安はさすがの普及率ですが、東日本大震災で液状化が発生してから現在も復旧修繕に追われている状況です。また、ガスに関しては、特に東葛で都市ガスが供給されていない市が多くあり、プロパンガスを利用している世帯が散見されます。

もう1つは道路。たとえば、各市役所~日本橋(東京)の車での所要時間で比較すると、一般道のみを使用した場合、東葛の**柏**からは約78分、最短は**流山**の66分。葛南の**船橋**からは約54分、最短は**浦安**の約27分。これは単純に距離に差があるため当然の結果といえるでしょう。ただ、**習志野**(約76分)や**八千代**(約83分)は、東葛の平均と同等です。

生活道路として比較すると、松戸の渋滞と同じように、橋を越えれば東京都となる市川も渋滞のメッカであることは有名。ロードサイドの商業施設や飲食店への入店で巻き起こる渋滞、裏道の入り込み具合などは五十歩百歩。

しかし、現在工事が進む「外環道千葉区間」が完成した暁には、松戸や市川だけでなく、周辺エリアの交通事情はかなり便利になるはずです。ただ、インターチェンジ付近では、新たな渋滞が発生するかもしれませんが……。

次に比較するのは肝心要の鉄道。それぞれの市によって差こそあれ、東京至近のベッドタウンとしていずれの市も住宅地と市街地を形成している東葛と葛南。東葛には**ＪＲ常磐線**、葛南には**ＪＲ総武線**があったことで、東京都内へのアクセスが良好だったことが、ベッドタウン化の大きな要因でしょう。

この常磐線と総武線にも共通点があります。それが快速線と「緩行線」がエリア内で併走しているという点。

常磐線は上野～取手《とりで》（茨城）間を走る快速線と、東京メトロ千代田線～綾瀬《あやせ》～取手《とりで》（茨城）間を走る緩行線が、エリア内では松戸～天王台《てんのうだい》（我孫子）間で併走。

総武線は、東京～千葉間を走る快速線と、三鷹～千葉間を走る緩行線（三鷹～御茶ノ水間は中央緩行線）が、エリア内では市川～津田沼《つだぬま》で併走。

どちらも１９７０年代初頭には現在とほぼ同じような運行になったというのですから、東葛・葛南ともに鉄道での東京都内への通勤通学が飛躍的に便利になったのは言うまでもありません。殺人的なラッシュを我慢しなくてはならないとはいえ、都内に比べてお手ごろ価格で広い部屋に住めたり、なんだったらマイホームを手に入れたいという人が急増するわけです。

東葛でラッシュがピークとなる地点は松戸。市内には常磐線をはじめ6路線が走り、延べ20もの駅が存在します。松戸駅から東京駅までの所要時間は36分、新宿駅までは43分となかなかの至便性。縦横にJR線、私鉄が走る東葛は路線数に関しては優良地域です。

ただし、常磐線快速以外はどれもいまひとつ不便なのが問題でもあります。前述したとおり常磐線には**東京メトロ千代田線**へ乗り入れる各駅停車（緩行線）も走っており、東京および霞ヶ関などへ直結で行けてしまいます。ただこの緩行線、北千住からは千代田線に乗り入れてしまうため、快速線と違って日暮里・上野へは行かず、また停車駅も多く、都心へ出るまでに時間を要します。

常磐線以外のJR線では、埼玉方面から大回りして千葉に入ってくる**JR武蔵野線**も走ります。また、このさらに外周には同じく埼玉と千葉を繋ぐ東武**野田線**も。ただし武蔵野線と野田線の最大の違いは、東葛の大動脈・常磐線とどこで連結するかにあります。野田線は「柏への足」としては重要な役割を果たしていますが、武蔵野線は常磐線快速が通過してしまう新松戸駅が連結駅なのです。

松戸から伸びる私鉄・**新京成電鉄**は、高度成長期に沿線に大型団地が乱立したことにより利用価値が急増。「千葉都民」化の一因ともなった路線ですが、終着駅が松戸駅のためラッシュ時の混雑を生む一因にもなっています。

新京成の新鎌ヶ谷駅は野田線に加え**北総鉄道**とも連結。この北総鉄道は京成線を経由して**都営浅草線**へ直結する首都圏直通路線。しかし浅草線は都心部を避けて海沿いを走り、京急経由で羽田空港へ向かう路線なので、通勤利用するなら京成線・押上駅で東京メトロ半蔵門線へ乗り換えが必須。

山手線への乗り換えも面倒なため、これまた便利というほどでもないのが実情です。

　利用価値といえば、利用者自体がごく限定されるのが**流鉄《りゅうてつ》流山線**。これは流山駅から、常磐線馬橋駅までを繋ぐ約6㎞弱の短い私鉄で、かつては貨物列車として、近年は鉄道不毛の地・流山での貴重な足として利用されていました。しかし、向かう先が、これも快速スルーの常磐線馬橋駅では、流山市民以外に利用価値ゼロ。ちなみに流鉄は鉄道会社で唯一「公式ホームページがない」ことで一部に有名。その利用価値の無さがかえって〝レア度〟を高めているようで鉄道ファンには密かな人気を呼ぶ路線になっています。

　東葛における〝通勤路線最後の切り札〟は2005年に開通した「**つくばエクスプレス（TX）**」。流鉄を引き合いに出さずとも、常磐線に頼りきりだった東葛&茨城エリアに大変革をもたらした超新星TX。筑波学園都市から秋葉原まで、鉄道不毛地帯を埋めるように走るTXは、東葛に留まらず東京、茨城の通勤&住宅事情を変えてしまうほどの重要路線となっています。これにより常磐線利用者も分散され地獄のラッシュも著しく改善。沿線の駅周辺はどこも開発ラッシュに沸いている状況で、柏北部や流山全域の景観を日に日に変えています。ただ、悲しいかなTXの開通により流鉄はその利用価値にとどめを刺された形になってしまいました……。

　また、インフラ脆弱な地域には行政がテコ入れをし**コミュニティバス**を運行。特に野田を走る「まめバス」は6ルートで市内全域をカバーし、利用者は200万人を突破と需要が高い。ほかにも柏の「かしわコミュニティバス」や「かしわ乗合ジャンボタクシー」。我孫子の「あびバス」。流山の「流山グリーンバス」。鎌ヶ谷の「ききょう号」などが走る。松戸にコミュニティバスがないのは民間の路線バスが充実しているという証でしょう。

東京駅までの所要時間を競うなら、現状リードしているのは葛南です。

葛南で最も駅が集まっているのは9つの路線と37の駅がある船橋。船橋駅から東京駅までの所要時間は約27分。また、葛南の他の地区の中心となる駅には総武快速線が停車するため、東京駅までの所要時間は軒並み30分程度。最寄駅が総武緩行線しか停まらない駅は乗り換えが必要ですが、通勤や帰宅の時間帯は発着本数が多いため、それほど不便とは体感しないでしょう。

総武線が通っていない浦安は京葉線を利用することになりますが、新浦安駅から東京駅まで約16分、舞浜から東京駅までは約12分と至近そのもの。ちなみに〝鉄道空白地帯〟になっている八千代は、これだけ路線が充実している葛南にありながらJR線はなし。「東葉高額鉄道」と揶揄される**東葉高速鉄道**に西船橋駅でJRへ乗り換えか、京成本線の京成船橋駅でJRに乗り換えるしか方法はありません。

複数の路線が縦横する葛南ではいずれの路線も主要となる駅では乗客数の上位を占めています。そのなかでも集客力がある駅でありながらも、利便性に難のある駅と言えば西船橋駅でしょう。JR含め3社5路線が乗り入れているにもかかわらず、総武緩行線しか停車せず、総武快速線は通過駅となっています。それゆえにどうしても総武快速線を利用したい人は市川駅で乗り換え、もしくは進行方向から逆に戻って船橋駅で乗り換えるしかありません。

このような不便な事態を巻き起こしているのにはやむなき事情があるようです。東西線への顧客流失を阻止するためという噂もありますが、東西線が総武線の混雑緩和に役立っている以上、そのような可能性はむしろ薄く、乗客の分散化を目的としていると考えられます。仮に西船橋駅に快速電車が停車したとすると、多くの利用者が緩行線から快速線に乗り換え、今まで以上の混雑が予想されます。むろん、都心部に向かう利用者は**東西線**へと乗り換えることになり、そこでも混雑が発生することに。一部の利用者にとっては利便性向上の可能性はありますが、それによって発生する弊害も大きいのでしょう。

両者とも、過密と空白が入り混じる極端な鉄道事情ながらも、こと鉄道網の充実だけを見れば葛南がやや優勢でしょうか。ただし、東葛の切り札・ＴＸの開通は、東葛のステイタスを間違いなく高めているといえるでしょう。ましてや東京駅まで延伸する計画もありますし、まだまだ「逆襲」の余地はありそうです。また、ＴＸ沿線の大規模開発により、やや衰退気味だったベッドタウンに「新・千葉都民」の誕生をもたらしているのも事実です。

③「京葉ダービー」住宅くらべ ステータスの葛南かコスパの東葛か

1960年代から1970年代にかけて「千葉都民」の受け皿として乱立した巨大団地や当時建てられた一戸建て住宅の多くは、現存するものが多いものの、その年月による老朽化は否めません。もしそれらがベッドタウンの衰退化をより〝演出〟してしまっている舞台装置だとしても、それは住民の非ではないでしょう。

しかし手を打っていないわけではなく、早いところでは1990年代から**再開発**に着手しています。もっとも既存のニュータウンをニュータウン化するという〝ニュータウンの上塗り〟のような地区もありますが……。

▼不動産という観点で比べてみる

ただその再開発においては、東葛はやや後回しにされていた感があります。葛南の再開発が進んだ理由として考えられるのは、1990（平成2）年の**京葉線全線開通**と浦安や幕張を中心とした**海浜エリアの開発**。その追い風に乗って、再開発が急ピッチで進みました。また、小さなアーケードや飲食店、パチンコ屋があるだけだった**市川駅前**にはタワーマンションが連年で2棟完成。町は小奇麗に変貌し葛南ブランドの向上に一役買っていました。

東葛にもまったく手が入っていなかったわけではありません。特に再開発にまつわる活きのいいトピックといえば、やはり**つくばエクスプレス（TX）の開通**でしょう。顕著な例が、**流山おおたかの森**駅や**柏の葉キャンパス**駅周辺の開発具合。かつては「僻地」と揶揄されていた同所に、ハイソなショッピングセンターやタワーマンションが林立したことで、今では市の中心地扱いに。特に「流山おおたかの森S・C」にはデパ地下特化業態となる高島屋フードコートをはじめ、ロフトやフィットネスクラブ、そして日常品を支えるイトーヨーカドーが入り、それこそ東京都内の僻地よりも都会的な生活が送れたりします。駅付近のファミリータイプの分譲新築マンションの相場は2500万～4000万とやや強気ながらも、「新・千葉都民」が流山に増殖中。ベッドタウンとしての供給が一段落した柏や松戸の中心地、我孫子らの常磐線沿線に比べ、その活気は目を見張るものがあります。

東葛・葛南全体の家賃相場を見てみると、ワンルームで柏は月5・5万円、松戸は4・9万円ほど。葛南の船橋は5・8万円、市川は5・5万円ほどという動向。この差はむろん都心へのアクセスの差でしょう。ただ、同じようにベッドタウンとして発展してきたお隣の埼玉でこの家賃相場を照合すると、県都で政令指定都市のさいたま市や埼玉一の観光街・川越と同等です。しかも都内へのアクセス時間を考えると、東葛のほうが優れています。特に、２ＬＤＫ以上のファミリー向けの場合、10万円でおつりがくる物件が多いのは魅力です。

家賃相場からすれば庶民に優しい東葛。その価値を知るカシコイ人は東葛を選んでいたりします。同じ２ＬＤＫ以上の物件で、唯一10万超えするのが浦安。さすがは夢の国のお膝元。東葛ではあまりお目にかからないタワーマンションが相場を吊り上げているのでしょう。

家賃と同様に**地価公示価格**もその市のブランド力を推し量る指標になりえます。平方メートル単位の平均で、柏は16万３４００円、松戸は17万９６１９円、東葛の最安は野田で６万７９３２円。船橋は18万２３４３円、市川は27万６８９８円、浦安は35万８０３４円、葛南の最安は八千代で11万４０４３円。まずは野田の安さと浦安の高さに驚いておきましょう。鎌ヶ谷も９万９９５２円とお手ごろですが、まだまだ開発の余地があり、それこそ新鎌ヶ谷駅周辺は再開発がめざましく大規模な町づくりの改新が期待されるため、まさに穴場です。

野田と鎌ヶ谷を除いたところで浦安や市川擁する葛南には遠く及ばない東葛。ただ考えようによっては無理なくマイホームを手に入れたいなら東葛、という選択肢は賢明といえます。現在進行形で宅地造成されている地区もたくさんあるので、狙い目かもしれません。ちなみに全市の一等地で最高値は「柏駅前」の１５６万円。こう局地的に査察すると柏のブランド力の高さがうかがえます。

▼商業施設を比べる

東葛はおろか千葉一の商業都市の呼び声も高い**柏**。柏駅前は、百貨店、デパートにしても大人向けのそごう、全年齢向けの高島屋ステーションモール、中高校生まっしぐらの丸井VATとまさに「なんでも揃う」という謳い文句通り。また駅前商店街も雑貨屋からCDショップ、ツウ好みの時計屋、被服店とバラエティ豊か。

そんな柏に付けられた異名は「**東の渋谷**」または「**東の吉祥寺**」。その後、〝こだわり派〟向けのセレクトショップが駅から少し外れたエリアに割拠するようになり、このショップ群は原宿の「裏原」になぞられて「**裏柏**（**ウラカシ**）」と呼ばれるようになります。いきなり〝本場〟の原宿や渋谷では敷居が高いという中学生や、茨城の取手、牛久《うしく》、土浦《つちうら》あたりから若者が大挙してきます。

茨城県内では柏を「**イバシブ**（茨城にとっての渋谷こと）」と呼ぶことも。まあこのことが、特に東葛が「**チバラギ**」と揶揄されてしまう所以でもありますが……（東葛は茨城との接着面が千葉内で特に多いため）。つまり、要約すると**イバシブのウラカシでチバラギ民はデビュー**するわけです。

買い物事情の話からはやや逸れましたが、柏市街は千葉でいち早く発展したがゆえに駅前の老朽化という問題を抱え、集客力の膠着が叫ばれています。またTX開通による新駅（柏の葉キャンパス駅）の開発におよび「ららぽーと柏の葉」が誕生したことや、TX利用による都内へのストロー現象で顧客が離れていく懸念があります。しかし、早々に大規模開発計画を打ち上げ、柏駅前のお色直しも着々と進行中。若々しい柏らしいフットワークの軽さを見せています。

あちらこちらで東葛を翻弄するTX。しかしTX以上のカンフル剤がないのも事実で、しばらくは救世主扱いということで問題なさそうです。

同じ東葛でありながら柏を好敵手視している**松戸**の繁華街といえば松戸駅西口。伊勢丹とダイエーを軸に複数の商店街が形成されています。東口には駅に直結するような形で、イトーヨーカドーおよびプラーレ松戸があり、市民の衣食を支えています。

代々木上原駅から走る東京メトロ千代田線のおかげでだいぶ読み方が周知された（?）**我孫子**。駅前には東急ストアやイトーヨーカドー、6号沿いや手賀沼付近には大型のフードセンターや商業複合施設があり、決して不便ではないが柏と同じく早くに開発されたため、やや新味がないのは否めません。

鎌ヶ谷は前述の新鎌ヶ谷駅を中心とした再開発で新たな住民を呼び込むとともに市民の買い物動向も新鎌ヶ谷に向かっています。再開発を機に、アクロスモール新鎌ケ谷とイオン鎌ヶ谷ショッピングプラザという大型ショッピングセンターが誕生し、市内だけでなく、市外からも多くの人が訪れ連日賑わっています。アクロスモールはファッション、グルメをはじめ、美容室や歯科医院、スポーツクラブ、カルチャースクールまで入っており、日常生活において、必要なもの、したいことのほとんどをカバー。一方、イオンは庶民の目線。ガーデニング関係や市民の足となる自転車コーナーを充実したり、食料品の品揃えも豊富。平日の夕方ともなれば近所の奥様がたや学校帰りの中高生でごった返しています。

野田は……醤油——の話はいい加減もういいですね。でも町に醤油の香りがほのかにしなくもな

船橋のららぽーと

IKEAは屋内型人工雪スキー場ザウスの跡地に建つ

いほど野田には醤油しかないのです。買い物は野田ジャスコへ。以上。

柏に新進気鋭のショップもありながら、どちらかといえば、日常の衣食を充足させるための物価が求めやすい東葛。特段瀟洒な暮らしを望まなければ、庶民には暮らしやすいお土地柄と言えるでしょう。

葛南で最も多い人口を有し、商業の中心として君臨する**船橋**。ランドマークであり、他地域からも多くの人が訪れる複合型商業施設といえば「ららぽーとＴＯＫＹＯ-ＢＡＹ」。１９８１（昭和56）年、ＪＲ南船橋駅に前身の「ららぽーと船橋ショッピングセンター」がオープンして以来船橋商業圏の核となっています。もちろん地元民も日常的に通い、また船橋で生まれ育った「**バシッ子**」にとっては不動のデートスポット。バシッ子はららぽーとともに青春を歩んできました。

かつてららぽーとの隣接地には屋内型人工雪スキー場ＳＳＡＷＳ（ザウス）がありました。ただ、営業収支は黒字だったものの、建設費償還費が上回るなど経営が上向かず閉館。ザウスの跡地にはスウェーデンの大型家具店ＩＫＥＡ（イケア）がオープンしました。

主要駅のＪＲ船橋駅周辺で繁華街として発展しているのは南口。西武百貨店とロフトの裾野で昔ながらの商店街が活気づいています。京成船橋駅は高架化に伴い大リニューアル。駅に直結する形で約40の店舗で構成されるショッピングセンター「ＦＡＣＥ」がオープンし、雑多なイメージがあったＪＲと京成間の町並みは一変しました。北口から延びる東武野田線から１駅、新船橋駅前には巨大なイオンモールもあり、とにかく市全域にわたって全ジャンル、全年齢をカバーしきっている船橋です。

厳密にいうと船橋市域が半分ほど入る**津田沼**《つだぬま》駅ですが、ここでは**習志野**の中心地として話を進めます。けっこうな確率でご存じない人が多いのですが、津田沼は習志野市内にある町名であり、「津田沼市」は存在しません。繁華する津田沼駅周辺の印象が強いため、すっかり本元の市よりも認知度が高くなっています。

かつての津田沼駅前は、地元企業のショッピングセンター・サンポー、京成新津田沼駅前に長崎屋がある程度でしたが、1977年のパルコ&西友による2棟の商業ビルの開業を皮切りに、西武津田沼ショッピングセンター、イトーヨーカドー、丸井、ダイエー&高島屋連合による商業ビル・サンペデックなどが相次いでオープンし、大手資本による戦争がスタートします。

資本的に大手に対抗できないサンポー、そして長崎屋は早々と敗北し、またダイエーと組んだ高島屋もギブアップ。西友も地下の食料品売り場のみを残して撤退。丸井・パルコ・ヨーカドー・ダイエーの勝負となりますが、それぞれ撤退した店舗を買い取り、売り場を拡張するなどして大乱戦の様相を呈します。この4勢の中では丸井・パルコが遅れを取るも撤退はせず、次第にダイエー対ヨーカドーのマッチレース状態に。1980年代前半には、この両店はそれぞれグループ内で「売り上げ全国一」となっていたとか。しかし2000年代に入るとダイエーはグループ自体が業績を悪化させ、そこへイオングループが進出してきます。2003年にはイオン津田沼店がオープンし、ついに丸井が閉店。ダイエーは本丸自体が店をたたんでしまったため、生き残り攻防戦はヨーカドーの勝利。ただし現在の勢い的にはイオンが優勢、といった感じになっています。

なお、丸井跡地にはユニクロなどが入る商業ビル・ミーナ津田沼に、ダイエー跡地はTSUTAYAやLABIが入るモリシア津田沼に生まれ変わりました。昔からショッピングビルが多い津田沼駅前は非常に活気にあふれ、県内の都市の中では洗練された空気が流れます。小洒落た雑貨屋やカフェ、また千葉ではいち早くパルコを構えていたこともあり、**「千葉の吉祥寺」**とも呼ばれたりもします。あれ…、どこかで聞いた響きですね……。

〝陸の孤島〟**八千代**は、昭和30年代に日本初の住宅団地・八千代団地が完成されたこともあり、早くからベッドタウンとして注目されていました。現在ではここでも、イオンとヨーカドーの大型商業施設抗争が繰り広げられています。その一方で、地元馴染みの企業京成グループが運営するユアエルムが生き残りをかけて奮闘しています。ショッピングセンターながらこの八千代台店には水族館もあり、地元民に愛されています。地元FM局BAY-FMの時報「♪ユア〜エル〜ム」もお馴染みです。また大阪資本のスーパー・イズミヤもイオンらの猛威に負けそうになりながらもどっこい存命しています。

眺望のよいタワーマンションでハイソに暮らしているように見える**市川**と**浦安**ですが、意外と買い物難民だったりします。かろうじて市川は駅付近にOlympicハイパーストアができたり、八幡《やわた》方面に下れば、パティオやMEGAドンキがあったりしますが、ときには越境して江戸川区のイトーヨーカドーまで車を走らせることもあるとか。特にディズニー最寄りの舞浜駅付近に日用品店など皆無で、本1冊買いに行くのに、わざわざディズニーリゾート敷地内の複合施設イクスピアリ内の丸善まで赴く始末です。

ここまででわかることは、さすがは首都圏のベッドタウンだけあって、どの市も当然に便利になっています。生活に必要なインフラ、交通のインフラも充足。ショッピングセンターは下手すれば1㎞圏内にあるほどなので車もあればなお便利。それにしても「イオン」と「イトーヨーカドー」の文字を何度書いたことでしょうか。そのうちコンビニ並みの距離間隔で林立するのではと思うほどです。ともかくこれだけ大型商業施設があればまず衣食には困らないでしょう。

とはいえ、たとえば船橋と鎌ヶ谷を同級・同列に位置付けてしまうのはいささか違和感があり、そのあたりの地域格差も長く問題視されています。なかでも財政力による格差が叫ばれます。財政に余裕がある市とそうでない市ではかなり歴然とした差があり、当然公共サービスや住環境の整備に影響してきます。特に、災害対策や放射線量問題について発生するかもしれない格差は近年の地元民の心配のタネであります。

④「京葉ダービー」教育・治安くらべ
秀才にヤンキーに人材豊富な船橋

暮らしやすさが立証されれば当然そこに住みはじめる人が増えるわけで、おのずと「千葉都民ジュニア」も続々と誕生するわけです。すると気になってくるのは教育面と環境面。環境面についてはここでは治安について検証してみたいと思います。

今テーマの土台として、千葉はかつて「**東の千葉、西の愛知**」と言われたほど、**管理教育**を徹底していた県であり、特に東葛は顕著でした。特徴的な事例を挙げると、丸刈りを強制する、日常的な体罰、三角食べの指導。しかしそうした管理教育も、感覚的には一昔前の話。現在はほぼ皆無に等しいといえるでしょう。

体罰などが起きると即座にマスコミに吊るし上げられる様は誰もが目にしたことがあるでしょう。特に三角食べについては、この行為自体が公務員職権乱用罪（刑法193条）に抵触するとして、指導が禁止されています。丸刈りは強制させてないとはいえ、所属する部活動によっては短髪にするのが慣例という場合もあるようです。

ただ、東葛では授業中の服装は、小学校は体操着、中学校は学校指定のジャージの着用を指導しています。都心では「登下校は制服」という指導が多いなか、東葛ではジャージ姿で下校する中高生が見受けられます。もしかしたら東葛が醸し出す牧歌的な空気は、このジャージ姿が影響しているかもしれませんね。

むしろ現在問題視されているのは学級崩壊や学力低下でしょう。東葛と葛南における中学卒業者の進学率を見てみると、野田や鎌ケ谷市といったやや都市部より外れた地域は高校等進学率が僅かに低いものの、どの市も概ね95％。進学するのが当たり前という、現代の風潮に沿った数値が出ています。次に、塾や進学教室の数をチェックしてみると、葛南のほうが充実度が高いようです（総数：東葛406、葛南459）。むろんベースの人口数に違いがあるので塾の数が学力に直結しているわけではありませんが。塾の立地も東葛なら柏、松戸。葛南なら船橋、市川といった人口が多い地域に密集しています。

▼公立高校を中心に考察

東葛の有名校＆進学校は柏に集中しています（松戸は意外なほど少ない）。東葛各市が主の第3学区で偏差値の高い有名校を挙げていけば、まず公立校では東葛飾高校（最寄り駅は柏駅）でしょう。葛南の県立千葉高校、県立船橋高校と並び「千葉公立御三家」と呼ばれる、県下有数の進学校です。

続いては通称「県柏（ケンカシ）」県立柏高校。柏市内には他にも市立柏（イチカシ）、私立の流通経済大学附属柏（リューケイ）、芝浦工業大学柏（シバカシ）と、柏と名乗る高校が多くあるため、それぞれ略称、愛称で呼ばれています。「俺、柏高校出身」などと曖昧に名乗る人がいたら、「何カシ?」とは聞かないであげましょう。県柏《けんかし》出身なら間違いなく「俺ケンカシOB!」と自ら名乗るはずなので。ほかには柏南高校もありますが、こちらは「ハクナン」と呼ばれ明確に区別されています。柏南も高偏差値を誇る高校なので、出身者も出自を濁す向きはありません。

柏以外では鎌ヶ谷高校も前出の高校らに並ぶほどの進学校。むしろ柏市以外でそこそこの高校というと、この鎌ヶ谷高校くらいのもの。私立高校は数自体少ないが、これもまた7校中5校が柏市内に存在。有名どころでは麗澤高校、流通経済大学附属柏高校、二松学舎大学附属沼南の3校。我孫子にある2校のうち中央学院高校の特進科も高偏差値です。

葛南各市が主の第2学区の最優秀高は御三家のひとつ県立船橋高校。薬園台、船橋東も含めれば、第2学区偏差値ベスト5校中3校が**船橋に集まっている**ため、公立高校だけを見れば船橋が頭ひとつ抜きん出ている状況です。つまり葛南他市からすると、地元の優秀な人材は船橋に〝流失〟してしまうという痛し痒しな状況もあります。

セレブエリア**浦安**には市内に公立校が2校しかなく、しかもそのどちらも偏差値的には下位に部類。もし資金面的に私立が受験できなかった場合、市外へ通学するしかエリートコースが存在しなくなります。
東西線と京葉線のおかげで都内へも船橋方面へも通学しやすいのが救いではありますが。**市川**には7校の公立校があり、国府台高校が偏差値上位の部類。市内には偏差値的に「やや高め」から「ボトムライン」までまんべんなく分布しており、学力に合わせて選択肢が多いエリアといえます。当然**船橋**まで出れば選択肢はさらに広がるワケで、環境的には恵まれています。
葛南東端の**八千代**は、偏差値3位の八千代高校がありますが、市内に公立校が3校しかなく、ここでも船橋流出やむなし、という状況です。
最後に**習志野**ですが、インフラの関係上、船橋と習志野は入り乱れていることから船橋の高校へ進学することに違和感がありません。そもそも市内には3校しかないという事情もあり、しかも津田沼高校は市南の外れで、習志野高校はほぼ千葉市圏、実籾高校はほぼ八千代市圏ということで、通学的にも船橋に通うほうが楽だったりします。

ここまで公立校に絞って比較してきた理由としては、私立はエリアにこだわる意味が薄いため、地域性ということでは公立校を中心に見ていくべきだろうという趣意です。とはいえ、本気で教育熱心な家庭の場合は、つるっと都内の私立に通わせるというのも千葉では常だったりもします……。

▼治安で比べる松戸と船橋

そしてもう一方の地域性、つまり治安ですが、ここでは「悪い」レッテルを貼られている代表的な2市を例に考察していきましょう。東葛からは松戸、葛南からは船橋の2市です。

「千葉のヨハネスブルグ」、「MAD City」など不名誉な称号を持つ**松戸**《まつど》は、昔っから暴走族と暴力団が占拠する町というイメージが付きまとっています。JR常磐線沿いは足立区の綾瀬と松戸はどっちがヤバイ?と取りざたされること幾たびか。しかしこの背景には根の深い過去があるのです。それは「教育」の項で前述した管理教育にあります。

そもそも、管理教育が推進されたのは戦後教育の中で新設された学校が生徒に規律を求めたためですが、その最中で〝行き過ぎ〟があったことは語り継がれています。封建的で独断専行な教師ばかりが、原理主義の管理教育に生き甲斐を感じていたような学校に通っていた子どもからすれば、これに反発することは、子どもながらに自己のアイデンティティを死守するために必要だったのです。つまり管理教育一徹だった地域ほど荒れ、その最終形が校内暴力として顕在化したのでした。その傾向が千葉では東葛に強かったということです。その結果として、東葛にはヤンキーが多いというレッテルが貼られてしまいます。

実際、地元暴走族同士の抗争が夜な夜な繰り広げられていたり、凶悪犯や強盗も絶えないのは擁護しようもない事実ではありますが、じつは都内やさいたま市、葛南の繁華街に比べればはるかに治安は良かったりします。そのことについては後述するとしましょう。

松戸がヤンキーのメッカというだけでなく、治安が悪いイメージが定着してしまったことにはもう1つ原因が考えられます。それは**公営ギャンブル**の存在。競輪事業の収益金は道路や河川、学校建設や福祉などに充てられて社会的にも貢献しているものの、町の風紀を乱すため地域住民には煙たがれていることがほとんど。潔白なイメージを植え付けようと、テレビCMを流すなどの努力はしていますが、大半集まってくるのは一攫千金を狙う博打打ちたち。松戸競輪開催日には北松戸駅周辺にギャンブラーが溢れ返り、澱んだ空気を醸し出しています。

また、彼らのその**独特のファッション**も治安の悪いイメージを助長させてしまっています。たとえばシャレオツタウン柏は市外からめかしこんだ買い物客が訪れますが、松戸駅周辺をブラついている人は、ギャンブラー風の方か家着《いえぎ》?と二度見するような地元の住人が散見されます。おまけに駅前周辺にはキャバクラなど盛り場が多く、客引きが執拗に声をかけてくるのもイメージダウンになっているのかもしれません。

千葉におけるギャンブルの殿堂といえば**船橋**です。船橋には**公営ギャンブル場**が3つもあります(中山競馬場、船橋競馬場、船橋オート)。船橋競馬場は赤字収支を出したことがない優秀な地方競馬ではありますが、風紀の面では足を引っ張っていることは間違いないでしょう。そして松戸同様、ギャンブル好きのお父さんがすえた臭いを醸しながら町をほっついてしまうわけです。

また、松戸よりも**花街**の気配が濃厚なのも船橋ならでは。しかしこれには江戸時代に栄えた宿場町に伴う旅籠屋の存在を系譜している側面があり、免れられないところではあります。まあ単に男臭い町だから必然的に、だとも思いますが……。

また、戦後の船橋は闇市が発達していたこともあり、「日本の上海《シャンハイ》」と称されるほど賑わっていました。つまりアウトローな方がたや腕っ節の強い人たちが幅をきかせていた過去があります。そうした人たちが溜まる飲み屋街、公営ギャンブル場や歓楽街があるというだけで、もう「治安が良い町ですよ」なんて言えるはずもありません。そんな船橋に付いた異名が「**東洋のサウスブロンクス**」。中国とアメリカを股にかけ、後ろ向きなグローバリズムを発揮している船橋です。

しかしここで**犯罪認知件数**というデータを持ち出します。このデータは全国各地域の粗暴犯や窃盗犯、知能犯などの数値をまとめたものですが、この中で注目したいのが「人口1000人あたりの犯罪発生率」を示す数値。犯罪の数だけで比較すると当然人口の多い町が不利になるわけですが、この数値はパーセンテージで犯罪の頻度を推し量ります。
それによると東葛・葛南各市で最も犯罪発生率が高かったのは意外にも習志野。次いで高かったのは八千代、その次が浦安と、ワースト1位2位3位を葛南が独占。しかも4位にはまた葛南の市川、5位に東葛から初めて柏がランクインしますが、6位には同率で船橋と野田が入った時点で、葛南はすでに全市がランクイン。これにおいて松戸はなんと下位の8位。まずは習志野や八千代の犯罪発生率が高いことに驚くとともに、それがまさか松戸や船橋をも上回るとは予想だにしませんでした。これこそまさに「レッテル」。

東京ディズニーリゾートを擁し、湾岸エリアにある高級感溢れる町のイメージが強い浦安には一般的に危険地帯だという印象が薄い。しかし実際の犯罪発生率は松戸よりも船橋よりも上なのです。松戸や船橋にとっては**ある種の風評被害**を被っている状態です。また、あまたの不良漫画に松戸や船橋が頻繁に登場することも一因で、ヤンキーの巣窟のイメージが全国的に先行してしまったことがあります。

ただしきちんと強調しておきたいことは、あくまで東葛・葛南内での順位が下位なだけであり、まったく犯罪がないわけではないこと。特に、同データ内でグレードの高い項目「凶悪犯」数だけに絞れば、松戸と船橋がツートップです。発生率は低くても、インパクトの強い事件を起こしているからこそそのレッテルともいえるでしょう。

しかしなにより明確になったことは、**東葛と葛南の治安の差**でしょう。ちなみに千葉全体としての犯罪発生率よりも東葛の全市は下回っています。

⑤「京葉ダービー」スポーツくらべ
プロ野球発祥の地か柏レイソルか。スポーツ王は俺だ？

最後にライトな項目をひとつ。生活や環境とは関係のない娯楽ではありますが、ことお国自慢においては、いかにスポーツが盛んか、いかにプロ球団を有しているかが指標になったりもします。

かつて**サッカー王国**といえば、静岡のことを指していましたが、近年では千葉も静岡に並ぶサッカー王国と称される機会が増えています。「**柏レイソル**」「**ジェフユナイテッド市原・千葉**」という2つのJリーグ所属チームの存在も大きいですが、それ以上に、**高校サッカーでの躍進**はJリーグ発足以前より目覚ましいものでした。

その筆頭が、「市船（イチフナ）」の愛称でお馴染みの船橋市立船橋高校。全国高等学校サッカー選手権大会では1994年度、1996年度、1999年度、2002年度と4度の優勝を果たし、高校総体（インターハイ）でも7度の優勝を誇ります。その知名度は全国区で、北嶋秀朗（ロアッソ熊本）、茶野隆行（元ジェフユナイテッド市原・千葉）、中村直志（名古屋グランパスエイト）、西紀寛（東京ヴェルディ1969）など日本代表クラスのプレーヤーを多数輩出しています。

市船だけではなく、全国高等学校サッカー選手権大会で2度の優勝経験を誇る習志野市立習志野高校。全国高等学校サッカー選手権大会と高校総体で1度ずつ優勝し、近年台頭著しい流通経済大学付属柏高校。1999年の高校総体で優勝した八千代高校など、東葛・葛南には強豪校がひしめいています。ちなみに、2008年の高校総体では、市船と流通経済大学付属柏高校が両校優勝を飾りました。

さらに市船は、野球部も甲子園に春2回、夏5回の出場をしており、1993年の夏の大会では決勝に進出し準優勝しました。また、陸上競技やバレーボール、バスケ、体操でも全国トップクラスの成績を収めています。陸上部は、高橋尚子などのトップアスリートを育てた小出義雄が監督に赴任したころから頭角を現わし、1986年の全国高校駅伝で優勝を果たし、千葉代表の常連となります。水泳ではソウルオリンピックの100m背泳ぎで金メダルを獲得した鈴木大地も市船の出身です。

同じ公立高校である市立習志野高校は、市船と設立年が同じで、ともにスポーツが盛んであることから、何かと比べられることが多いですが、こちらも負けていません。

バスケ部は、高校総体で1度優勝。ボクシング部は、3回、高校総体で総合優勝を収めています。野球部は、甲子園に春3回、夏8回出場経験があり、1967年の第49回大会と1975年の第57回大会で優勝に輝いています。2011年の夏の大会でベスト8に進出したのは記憶に新しいところ。現在の東京ヤクルトスワローズの小川淳司監督のほか、掛布雅之（元阪神タイガース）や谷沢健一（元中日ドラゴンズ）、千葉ロッテマリーンズで主力選手として活躍する福浦和也らを輩出しています。

なにより**習志野はプロ野球発祥の地**でもあります。

1934（昭和9）年、当時の読売新聞社の社長・正力松太郎が、日本球界の発展を目的に、アメリカのプロ野球チームを日本に招きました。このときのメンバーはベーブ・ルース、ルー・ゲーリックなど錚々たる顔ぶれ。日本も伝説の大投手・沢村栄治などを擁し、試合に備えました。そのときの日本チームの練習の舞台となったのが、習志野にあった遊園地「谷津《やつ》遊園」のグラウンドでした。その後、その日本チームが母体となって東京巨人軍（現・読売ジャイアンツ）が誕生した経緯から、谷津遊園が「プロ野球発祥の地」とされるようになりました。谷津遊園は1982年に閉園しましたが、いまは「谷津バラ園」として残っており、入口脇には「巨人軍発祥の地」という石碑が建っています。

振り返れば葛南のスポーツトピックばかりが目立ちましたが、東葛にも押しも押されぬブランドが柏にあります。

「千葉一の商業都市」や「東の渋谷」というバリューは千葉県内や隣接する埼玉、茨城だからこそ通用するもの。しかし全国レベルで柏の知名度を高めているのは、「**柏レイソル**」の存在が極めて大きいでしょう。日本全国で開催されるJリーグだけに、試合毎に「柏」の名がメディアへ露出するわけです。サッカーファンでなくとも「柏レイソル」を通じて柏の名を耳に、あるいは目にしたことがあるでしょう。

柏レイソルは柏を拠点にしていた日立サッカー部を母体として、1992年に設立されたJリーグクラブ。しかしJリーグ加盟の際、フランチャイズをどこにするか、決めあぐねていました。柏市内には基準（キャパや設備など）をクリアするスタジアムがない。ならば日立製作所がある茨城を本拠地にしようか、と思った矢先に鹿島アントラーズにインターセプトされ断念。習志野に話を持ちかけるも断られたりし、ようやく柏の葉に新スタジアムを造る計画が決定。完成までは日立の日立柏サッカー場に〝仮住まい〟することになりました。しかし建設途中でバブルがはじけ、新スタジアム建設は鈍化。そうこうするうちに柏はJへ昇格。そのころにはサポーターもすっかり日立台に慣れ親しんでいました。

この日立台サッカー場、仮設スタンドで観客収容数を水増ししていることからもわかるように、非常に狭い。しかし観客と選手の距離が近いため、臨場感のあるスタジアムだとサポーターには好評でした。はじめて訪れるアウェイチームのサポーターもその近さに興奮必至。しかしそれが仇となり、柏の選手が相手チームサポーターの大旗で妨害されてしまう事故も発生……。

サポーターはしだいに日立台を〝聖地化〟していきますが、4年遅れで件の新スタジアムが落成

日立台サッカー場

柏の葉公園総合競技場

します。しかしTXの通っていない当時は柏駅から延々バスに揺られて行くしかなく、スタジアムも陸上トラックが併設していたせいで、日立台に比べピッチが遠いことこの上なし。と、とにかく不評極まりありませんでした。同じく千葉のJチーム、ジェフのホームだった市原臨海競技場の不評と並んで「千葉にはダメスタしかない」というイメージが流布します。

しかしその後、ジェフは市原から蘇我駅前に移転し、立派な専用競技場を本拠地にしたところ、観客動員数が大幅アップします。一方のレイソルサポーターは本拠地移転拒否の運動を起こし、なんとホームは日立台に戻り、柏の葉はサブということに。ただ、お気に入りとはいえ、狭い日立台にこだわったため、動員数は横ばいという結果に……。しかしサポーターは満足しているそうであります。

浦和レッズ並みとされるほど熱狂的なレイソルのサポーター。やはり向こう気の強い東葛の気質が宿っているのでしょうか。その後もレイソルは、同じ東葛の松戸・我孫子・鎌ケ谷・流山・野田の5市、印旛地域の印西・白井の2市を活動エリアとして、サッカースクールや各市の市民招待デーを企画するなど、地域に溶け込んでいます。

鎌ケ谷にはプロ野球・日本ハムファイターズ2軍の本拠地兼練習施設「**日本ハムファイターズタウン鎌ヶ谷**」が立地。中田翔、斎藤佑樹、大谷翔平など毎年のように注目選手を獲得するファイターズは、入団時のお披露目をここですることが多く、オフシーズンにも関わらず熱心なファンで賑わいます。ひっそりとした鎌ヶ谷において、局地的にマスコミが大挙する様は異質でもあります。しかし、佑ちゃんこと斎藤佑樹フィーバーの折には鎌ヶ谷にとって160億円相当の経済効果があったとか。

1軍のフランチャイズが東京から北海道に移転した際も2軍は鎌ヶ谷に留まり、地域に根付く姿勢を見せています。株式会社北海道日本ハムファイターズは球団内に「鎌ケ谷事業部」を設け、このファイターズタウンを中心として、ファイターズと鎌ヶ谷市民との結び付きをさらに強めようとさまざまなイベントを企画、実施しています。

また、長期的にはメジャーリーグのように2軍を独立採算化し、地域密着型の運営を行なうことを本格的に計画。併せて球団名の変更も画策しており、本拠地名を冠した「鎌ヶ谷日本ハムファイターズ」もしくは「鎌ヶ谷ファイターズ」とする方向で検討を進めています。また、スタジアムの集客策として、温泉やショッピングモールなど複合施設を併設するといった案も浮上しています。

スポーツ自慢は東葛・葛南ともに多彩でまったくの互角といえましょう。しかし東葛・葛南だけでこれだけのスポーツトピックがあることに驚きます。千葉全体で語ったとしたらどれほどの分量になってしまうのでしょうか。

さて、ここまで東葛・葛南にまつわるエトセトラを列挙してきましたが、みなさんはどちらが魅力的ないしは住んでみたいと思われたでしょうか？

むろんここに書き出した項目だけで決め込めるものではないとは思いますが、こと地元での位置付けは、葛南がリードをしているという認識のようです。ただこれはごく目に見える範囲の体感だったりもします。地価やインフラのバランスの良さから東葛に価値を見出す人はたくさんいます。TXの開通による大規模開発で、魅力度アップに成功している実情もあります。どちらが優れているとかどちらが快適だとかは各々の価値観によるものにほかならないでしょう。


最後にもう1つこぼれ話を。

敵対する部分を持ちながら、融合を目指す部分もあるという、興味深い関係性もある両者。それは合併話。前項の「東葛の逆襲」で前述した東葛6市政令指定都市問題研究会、つまり東葛の各市を合併させ政令指定都市へ移行しようと推進する組織のことですが、じつは東葛6市の合併話が頓挫したあと、「東葛飾・葛南地域4市政令指定都市研究会」なるものが設立されました。

この組閣には、東葛から松戸、鎌ヶ谷。葛南から船橋と市川が参加。この4市による合併や政令指定都市移行による効果、影響などが共同研究されました。2009年の報告書によると、4市が合併した場合、160万人超の人口規模となり、ほかの政令指定都市と比較した場合の順位は5位。これは東葛6市が合併した場合の順位を3つも上回ります。

しかしほかの項目では、事業所数11位、製造品出荷額等12位、年間商品販売額は17位と、東葛6

市合併と大差ない結果が出ました。財政力指数は政令指定都市平均の0・82に対して0・77～1・07と順位は計上されないまでも、税収（歳入）の減少と扶助費等（歳出）の増大について出している分析では、「老齢人口の増加と老朽化した公共建築物の建て替えが財政を圧迫する」とされています。こうして的確にベッドタウン特有の〝急所〟を突かれた形でこの合併話は自然消滅します。

その後も東葛は合併に前向きながら、葛南はやや保守的。県都千葉市に対する「逆襲」を狙える合併話はオイシイかも、とは思いつつも、ひとまず現状は過不足ないのだから、まあ焦らんでも……という姿勢。特に浦安や市川は千葉そのものへの依存度が極めて低いため消極的。むしろこの2市は東京への編入を狙っているという噂さえまことしやかに聞かれます。

筆者も特段合併推奨派ということではありませんが、前出の4市の合併だけでも、充分に千葉市をうっちゃれる実力があるのに、ちょっと惜しいなぁという気はします。

さて長きにわたり展開してきた東葛VS葛南。単に人口密度は葛南のが高いだの、東葛の畑の面積は葛南の2倍であるだの、それこそ茨城に近いからだの、海がある・ないだのに関しては、もう千葉VS埼玉の話に近いものがあります。県対決レベルならともかく、もとは同じ京葉地区なのですから、なんとも度量の狭い争いだと思いませんか。いっそ手を組んで打倒・千葉市を目指しませんか。

第4章

巨大施設と巨大工事がもたらしたもの

夢の国、国際空港、新都心、アクアライン、京葉工業地帯、ニュータウン……

1 千葉自慢の「東京○○」。筆頭はあの「夢の国」

房総・千葉が江戸・東京と隣接していたことは、経済や政治の面だけでなく、文化にも大きな影響を与えていました。千葉の絶対的お国自慢に数えられるのが「ディズニーランド」に「国際空港」、「アクアライン」などの巨大施設ですが、お気づきでしょうか、このどれにも冠に「東京」が付くことを（国際空港はのち「成田国際空港」と改名）。

▼お国自慢、東の横綱「ディズニーランド」

お国自慢筆頭「東京ディズニーランド（東京ディズニーリゾート）」は、本書においてどうしても避けられない話題でしょう。しかし著作権に厳しいあのランドのことです。「ディズニーランド」と書き出してよいのかすら躊躇しますが、本書の〝芸風〟だと思って大目に見てあげてください。

ちなみに、固有名を使えない某公共放送では「舞浜駅に近いテーマパーク」と表現されます。

著作権に対する厳しい姿勢がわかる有名なエピソードを1つすると、1987（昭和62）年、某小学校の卒業生が卒業記念として、プールの底に大きなミッキーマウスとミニーマウスの絵を描いたところ、これがニュースで報道されました。この報道を見たウォルト・ディズニー・カンパニーの社員が、やおら学校に押しかけ「絵を消してほしい。さもなくば、著作権法違反で訴えます」と迫ったそう。学校側はやむなく絵を塗りつぶしたそうです。……背筋が凍ります。この本も出版されランドの目に入ったら即刻つぶされるのでしょうか。それともこの項だけ1冊1冊筆者が夜なべしてマジックで塗りつぶすことになるのでしょうか。文字通り筆が進まなくなってきましたが、意を決して千葉とディズニーランドの四方山話をしようと思います。筆者はそれほど四方山話が好きなのです。

▼浦安以外にもたくさんあった候補地

1983（昭和58）年、浦安に開業した東京ディズニーランド。開業時のキャッチフレーズは「ワッ、夢の実物。」。以来、夢をかなえる場所として人気を博し、開業以来入場者数は好調を持続中。今でこそ浦安＝ディズニーランドのイメージは揺るぎないものですが、当時の浦安はたとえば現在の新浦安のように、ただただ住宅街が広がるばかりのまごうかたなきベッドタウンでしかありませんでした。東西線・浦安駅はかつて快速も停まらない〝各停クラス〟の駅でした。現・舞浜駅周辺もJR京葉線はおろか湾岸道路も走っていなかったただの埋立地でした。ディズニーランド開業以前にも現・舞浜駅の位置に駅はできる予定ではありましたが、「西浦安駅」という無個性な駅名になる予定でした。

そんな町がディズニーの襲来により（襲ってきたわけではないが）、その星回りが激変します。しかしじつは浦安市舞浜のほかにも、次の建設候補地があったのです。

長野県大鹿村、静岡県清水市（現・静岡市清水区）、同御殿場市、同浜松市、神奈川県横浜市、同川崎市、千葉県我孫子市、愛知県名古屋市、茨城県ひたちなか市。関西も参戦し、大阪府の大阪湾岸（現在のＵＳＪがある位置がまさに予定地だった）、滋賀県竜王町、兵庫県淡路島、兵庫県姫路市、広島県広島市西区などが名乗りを挙げていましたが、東京都心に近い立地のよさから、ディズニー側はかなり早い段階から舞浜に決めていたそうです。しかし誘致合戦で「オリエンタルランド（現在ディズニーランドを運営する会社）」からよりよい条件を引き出すため、最後まで大鹿と清水そして舞浜の３カ所を候補地として残しました。

最終的にディズニー首脳陣は、日本の象徴である富士山が常に見える場所（清水）では人工物が引き立たなくなってしまうという表向きの理由を付けて舞浜にしました。もし静岡にディズニーランドができていたら、おそらく「富士ディズニーランド」という名称になっていたことでしょう。なんだか胸やけしそうなほどトゥーマッチな取り合わせです。

名古屋にできていたら「観光不毛の地」からの脱却が望めたでしょう。

ひと際渋めの候補地に滋賀県竜王町を見つけることができますが、この地の開発に加担していたと囁かれていたのが西武グループ。さすが、なにもない土地に観光資源を生み出すのが得意な西武ならではの目の付け所です。いや、ただ単に堤一族出自の地だからでしょうか。

　他県の話ばかりをしてしまいましたが、なにげなく千葉でお馴染みの町もエントリーしていることに気づかれたでしょうか?

「我孫子《あびこ》」。そう同じ千葉の我孫子も手を挙げていたのです。というよりも、舞浜よりも約四半世紀も前に、かなり具体的にディズニーランド建設の話を進めていたのです。建設予定地は、ハスの見所として有名な手賀沼《てがぬま》でした。

▼手賀沼にディズニーランドを!

「手賀沼ディズニーランド」の構想が持ち上がったのは、高度経済成長期の1959(昭和34)年。手賀沼畔は風光明媚な場所として、明治から大正にかけて多くの文化人が居宅や別荘を構え、景観保護運動を展開していました。そうした潮流の1つに、手賀沼ディズニーランド計画が位置付けられます。この計画で建設予定だった「ディズニーランド」はいわゆる遊園地のみならず、スポーツ施設や健康ランド、ヘリポートなどを含む複合施設でした。計画図によると園内は、異なるテーマのブロックを大きく5つに分けて構成、遊園地部分は「おとぎの国」とされていますが、一方では健康ランドの「ヘルスセンター地区」などの構成がなされていました。つまり現・ディズニーランドにおける「トゥモローランド」や「ワールドバザール」などに相当すると思うと、「夢」というよりも「現実」に近い、地域密着型の夢の国といえましょう。アリスとティーパーティにしゃれ込んでいる一方で、大衆浴場に浸かってるわけですから、ある意味ワンダーランドです。

やがて「手賀沼観光株式会社」なる開発会社も設立され、土地の買収や埋め立ての実行に触手しはじめます。順調に進んでいるかに見えた計画は、1963（昭和38）年に「埋め立て地が分譲住宅地になる」、「他社への転売が計画されている」、「計画変更によって重役が交代した」といった噂が飛び交うようになり、不信感を抱いた地元民および我孫子町・沼南村の首長は全日本観光開発に対して要望書を提出するに至りました。すると開発会社は急遽、手賀沼の水質汚染と会社の財務状態の悪化を理由に遊園地計画の中止と宅地転用の意向を示し、千葉県議会土木常任委員会にて埋立地の宅地転用が決まります。こうして、手賀沼にディズニーランド級の大型観光地を造成する計画は幻となりました。

当時は水質汚染に悩まされていた手賀沼ですが、現在は浄化が進み、多様な生物が回帰していま す。水鳥の宝庫、ハスの見所として県内髄一の癒しスポットとなっています。

▼もとは「オリエンタルランド」を作る予定だった

ディズニーランドを運営している「オリエンタルランド」はじつはディズニーグループとはまったく関連はなく、浦安沖の海面を埋め立て、商住地域の開発と一大レジャーランドの建設を行なうことを目的に設立された日本の開発会社です。

1964（昭和39）年に県より浦安沖の埋め立て工事の委託を受けた同社は、埋め立て工事に着工。2年後には現在の東野・富岡・今川・弁天・鉄鋼通り地区の埋め立て工事が完了。その9カ月後に工事をスタートさせた現在の海楽・美浜・入船地区も1969（昭和44）年に完了し、残る現在の舞浜地区の工事の完了は1970（昭和45）年のこととなりました。この地区こそ現在の東京ディズニーリゾートが位置する場所です。

この埋め立て工事と並行して同社が進めていたのは、舞浜地区に東洋一のレジャーランドを建設するためのマスタープランの検討で、これはディズニーとはまったく関係のない、同社独自の計画でした。つまり、オリエンタルランドは独自のレジャーランドその名も「オリエンタルランド」の建設を計画していたのです。やがてこの計画を具現化すべき構想の核となる施設は米国の「ディズニーランド」においてほかないという結論に達し、誘致活動に動き出します。この時点では、「手賀沼ディズニーランド」と土俵はほぼ同じです。

ディズニー誘致の決意をしてからのオリエンタルランドは、まず浦安開発地域の適地性などについてまとめた研究レポートを提出。その後、視察に訪れたディズニー社視察団に対して、浦安地区へのディズニーランド誘致計画に関するプレゼンテーションを実施。浦安地区とその周辺の航空写真やマーケティングデータなどを示し、長期的な日本市場価値の有望性、開発予定地が日本の中心である首都圏の一角に位置すること、三方を海や河川に囲まれており〝非日常性〟が高い点などを訴えました。そして誘致を成功させます。

オリエンタルランドの徹底したリサーチと綿密なプレゼン力が、「手賀沼ディズニーランド」との差だったかは明らかではありませんが、もし我孫子に「手賀沼ディズニーランド」が完成していたら、きっと千葉県内の経済情勢や交通網もいまと違ったものになっていたでしょう。

候補地に「横浜」の文字もありますが、「湾岸の埋め立てで場所がかさむと工業地帯の用地不足になる」とのことから早い段階で自ら撤退していました。ライバル神奈川において、大いなる「千葉の逆襲」をこの時期果たしていたのですねえ。

ディズニーランドは、過去10年にわたり入園者数約2500万人超を継続中。2012年に開業した東京スカイツリー（東京都墨田区）の賑わいもものともせず、その前年の入園者数を上回る堅調ぶりです。ちなみに、横浜市全域の観光客数は年間約4000万〜5000万人ですから、このほぼ半数分をたった1地域の1施設だけで稼ぎ出していると勘定するとその凄さが伝わるでしょう。もし横浜にディズニーランドができていたらライバル宣言すらできていなかったかもしれません。それほどディズニーランドが千葉に与えてきた威光は計り知れないほど多大なものなのです。

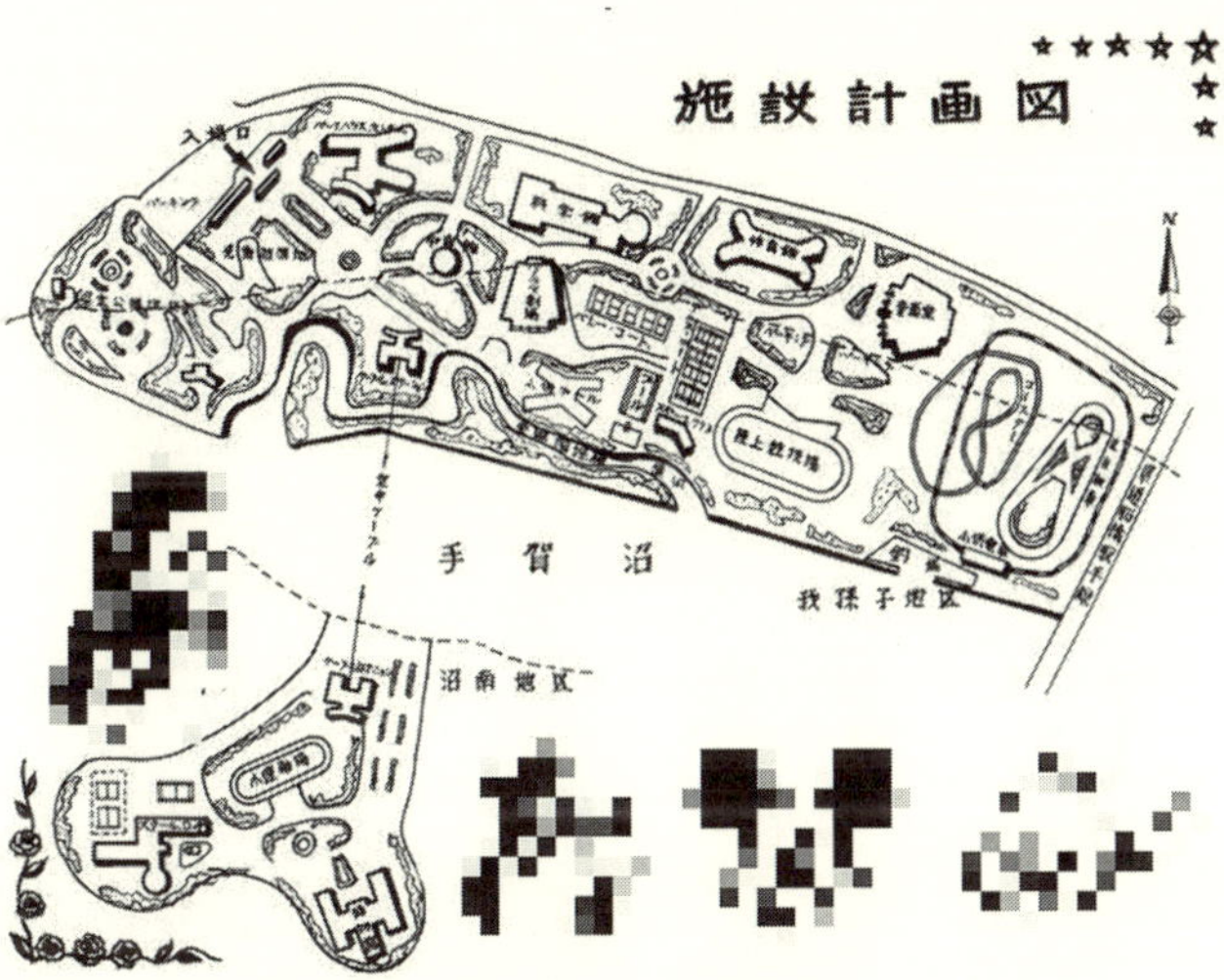

手賀沼ディズニーランドの計画図(1961年,我孫子町)

2 「東京○○」、巨大施設、巨大工事にはワケがある

▼海の玄関・空の玄関を担うがゆえの大工事

京葉工業地帯を背後に有する千葉港は、1965（昭和40）年に特定重要湾港に指定され、現在、取り扱い貨物量は全国第1位。日本有数の国際港として〝海の玄関〟を担い、首都圏の経済活動にも大きく貢献しています。1978（昭和53）年には「新東京国際空港（のちに「成田国際空港」と改名）が激しい反対運動の中で開港にこぎつけ、世界と日本を結び、大量の人と物と情報を運ぶ〝空の玄関〟を担っています。

これらをふまえて1983（昭和58）年、「千葉県新産業三角構想」が策定されました。「三角」のうち、まずその第一は、国際空港を核に国際物流基地と臨空工業団地の整備を進め、国際空港都市を組閣しようとする構想。第二は、千葉市臨海部に幕張新都心を建設する構想で、千葉港を側に

千葉港

ひかえ都心と国際空港へそれぞれ30分という立地条件を活かし「職・住・遊・学」の複合機能を集積した未来型の国際業務都市をつくる計画です。これにより1989(平成元)年「幕張メッセ」がオープンし、東京モーターショーや世界規模のイベント、国際会議などが頻繁に開かれています。

第三は、東京横断道路の実現を前提にして上総丘陵(木更津・君津)に「かずさアカデミアパーク」を建設する構想(1983年当時の発表事項)で、民間研究所を中心に先端技術産業の研究開発拠点を構築することが目的とされました。すでに「かずさDNA研究所」や「かずさアーク」が開所しており、世界的な研究成果をあげています。

「三角構想」は、このような「三拠点」を幹線交通で結び、その波及効果により内陸部への先端技術産業の導入など千葉の工業構造の高度化を図り、地域格差を是正しようという狙いがあったのです。つまり、むげに巨大施設を建設したり乱開発しているわけではないのです。

▼「東京」の人気スポット最若手「アクアライン」

「東京」を冠する巨大施設で最新のスポットといえば「東京湾アクアライン」。この三角構想にある「東京横断道路の実現――」は、1997（平成9）年まさに実現したのです。川崎から東京湾を横断して15分で木更津へ至るこの高速道路。湾岸道路などと一体となって首都圏の交通混雑の緩和、時間距離の飛躍的短縮に貢献し、全国に繋がる幹線道路の形成に重要な役割を果たし、産業活動を向上させていくことが期待されています。しかし、現状としてアクアラインに利用転換する車両が少ないため、目立った成果はないそう。

その第一の理由は、交通料金の高さ（普通車4000円）で、これは開通当初より懸念されていました。しかしその後、数回の料金改定を経て3000円となり、さらに2009（平成21）年からはETC搭載車に限り普通車800円、トラックなどの大型車は1320円という暫定的な通行料金が適用（2014年3月まで「実験期間」として適用）され、料金の問題は解消に向かいました。

しかし、それはそれで採算性に重大な問題が生じます。そもそもアクアラインの総工費は約1兆4409億円であり、そのうえ実際の利用は推定交通量を大幅に下回り、その費用対効果の面で批判があがっていました。そこへ交通料金値下げときては、採算性は悪くなる一方。その推定交通量とは「開通20年後には上下線合わせて一日6万4000台、すなわち片側2車線上を24時間休みなしに2・7秒に1台の車が通過する」というもの。交通料金も5000円を予定していたという。開通前より見通しが不明瞭だったこともあるようですが、あっちを立てればこっちは立たず状態なのです。

▼費用負担は千葉側だけで神奈川側は一銭も出さず？

とはいえ料金値下げはやはり効果的だったようで、2012年8月には1日当たり平均交通量が4万台を超え、過去最多を記録。2008（平成20）年8月から行なわれた料金引き下げの社会実験開始前に比べて約1・8倍に増加したそう。かねてから「通ってみたかったが料金が……」という層や、リーマンショック後に定着した「安・近・短」レジャーの矛先がアクアライン着岸地の金田・富津海岸における潮干狩りなどに向いたことなど、いくつかの要因があります。また、2012年4月に「三井アウトレットパーク木更津」が開業したことも大きいでしょう。地元では「開通から15年を経て初めて木更津側が明確な動きに出た」とやや嫌味交じりに言われたりもしていますが、これには経緯があります。

アクアラインにより神奈川側からの観光客を見込み、地域活性化を目論んでいた木更津でしたが、逆に神奈川に地元客を吸われてしまうといういわゆる「ストロー現象」により、急速に町が衰退、活力を奪われてしまっていました。アクアライン開通に沸く一方、木更津市街は寂れ、シャッター商店が相次ぎました。瀕死状態の中、打って出たアウトレット誘致が、現状では効果を出しているようです。

そもそも、アクアライン開業に躍起になっていたのは主に千葉だけであり、神奈川はさほど必要性を感じていませんでした。建設費用も国および千葉と東京、それと木更津市とその周辺自治体が主に捻出し、神奈川および川崎は一銭も出さなかったとはもっぱらの噂です。

▼ストロー現状で衰退していた木更津にも光が……

木更津市内に位置するアクアライン最大のパーキングエリア「海ほたる」も開業10周年時にリニューアルオープンし、「海の見える大回廊」などが人気を呈しています。週末ともなるとかなりの混雑が起こり、海ほたるの駐車場は常時満車に。

また、交通料金かつ首都圏への至便性を考えると、当然住まいとしての価値が出てきます。木更津周辺の土地価格は東京・神奈川はおろか県内の主要地域と比較しても非常に安価であり、それゆえ広い敷地を確保しやすいことから、一軒家を望む層から熱い視線を送られています。

市街の地域活性化の目論見と同じく、不動産の活性化にも期待が集まっていたアクアラインの開業。開業に伴い、木更津市金田地区では住都公団などによって約300haの宅地を開発しましたが、交通料金問題やストロー現状により鳴かず飛ばず。しかも、他にも1000ha以上の土地が供給予定地として控えており、宅地の供給過剰は深刻化を極めていました。この結果、地価は全国トップクラスの下落を続け、公示地価はピーク時（１９９１［平成３］年）の十三分の一まで急落（２００１［平成13］年）。しかしこれもアクアラインの交通量が増加したことで風向きが変わってくることでしょう。

また、かねてよりアクアラインに鉄道を開通させようという計画もあり、アクアラインのコースを用いて、木更津から羽田空港を経て東京都新宿区を在来線規格にて直通させるという案が報じられました。今のところ実現に向けた具体的な事業案や行政的な動き、および大規模な市民運動等は起こっていませんが、もし鉄道開通となれば、また新しい効果が創出されることでしょう。

県内産業の活性化や海上バイパスとして首都圏幹線道路の渋滞解消が第一義とされているアクアラインですが、その一方で東京・横浜圏と半島性の強い千葉との地域間交流を活発化させ、地域経済が相互に補完しあいながら発展することも目的にあります。リゾート地域とも目される南房総と首都圏のスムースな接続があれば、今後、南房総や安房に宿る半島特有の〝袋小路性〟からの脱却も望めるというものでしょう。

海ほたる

「三角構想」の残る〝二角〟、国際空港と幕張については、このあとそれぞれ項を設けてじっくりと論究していきましょう。

3 空港建設がもたらしたもの

▼「青天の霹靂……」千葉の農村にジャンボが飛ぶ日

昭和30年代の日本経済の急激な成長は航空輸送量を増大させました。40年代半ばにはジャンボ機や超音速機の就航も予想され、東京の羽田空港はパンク状態になると危惧されました。そのまま羽田空港の沖合に拡張した場合、東京港の港湾計画との調整が極めて難しく、当時の港湾土木技術では実現不可能でした。仮に拡張できたとしても、空港の処理能力は20~30%程度の増加に留まるなどの理由から、羽田空港の拡張のみでは長期的航空機輸送需要に対応できないことが判明しました。このため政府は第二国際空港の建設方針を閣議決定しました。

新空港建設予定地として、千葉の印旛郡富里村（現・町）、木更津沖、霞が浦などが候補に挙がりましたが、運輸省と建設省の意見調整が難航します。この後、木更津案の推進者であった元建設大臣・河野一郎が死去すると、政府は関係閣僚会議で富里に新空港を建設することを決定。富里は「羽田空港やアメリカ軍基地との航空管制上の問題がない」、「地盤が強いことや地価が安いため建設費も抑えられる」、「風の影響を受けやすく離着陸に難がある羽田に比べ内陸部なのでその心配がない」、「騒音を考慮して住宅地は避けたい」、「都心と1時間以内で結べる」とこの時点では、すべてにおいて最適であるとされていました。いまでこそアクセスの悪さは世界の不評を買っている成田国際空港ですが、これらの要件を汲むと、首都圏では成田でも近いほうだったといえるでしょう。

しかし県としては、事前に何も相談もなく抜き打ち的な決定だとして態度を硬化させます。多くの地元住民は新聞やテレビのニュースで自分の住む場所が飛行場になることを知ったと言います。農民の多くは戦後にこの土地に入り、荒地を開墾して田畑を作った開拓農家でした。

この1000戸を超す富里の農家らの移転について、政府の対応策も不明瞭でした。県は運輸省事務次官・若狭得治（のちの全日空社長・ロッキード事件で逮捕）ら幹部を県庁に呼び出し、用地買収の条件や代替地、農家らの転業対策、騒音対策について県側の案を示しましたが、運輸省側は大蔵省の了解を得ないと一概に決められないという返事。こうした状況の中、しだいに反対運動も激しくなり、富里、八街の町議会は空港反対決議を行ないました。友納知事（当時）も県議会で「事態の推移を慎重に静観注視することにいたしたい」と発言。こうして富里空港案は暗礁に乗り上げてしまいます。

こうした状況の中、成田市が新空港予定地として急浮上します。

国有地である宮内庁下総御料牧場があることから、用地買収がより容易に進むと考えたためです。

▼三里塚の長い夏

1966（昭和41）年6月22日、友納知事は首相官邸で佐藤栄作首相（当時）から、空港の面積を予定の半分にし、民有地の買収は最低限にして三里塚の御料牧場と周辺の県有地を中心に新空港を建設したいと正式に要請を受けます。

しかし御料牧場は空港予定地の4割弱に過ぎませんでした。つまり、「国有地（御料牧場）をベースに、周辺の県有林も合わせれば民有地にかかる面積を圧縮できる」というずさんな算段しかなされていなかったのです。

このことについて『成田市史―近現代編―』はこう記しています。

「ここに至る間、ことが内密に進められたこともあって、成田市にとっては正に青天の霹靂とも言うべき事態であった」

政府は地元から合意を得るどころか事前説明すら怠り、代替地等の諸準備が一切なされていなかったことから農民を中心とした地元住民の猛反発を招きます。

6月28日、298戸からなる三里塚空港反対同盟が結成。2日後には山武郡町にも反対同盟が発足されます。この間、7月4日三里塚への新空港建設がついに閣議決定してしまいます。それによると、総面積1060ha、うち三里塚972ha、芝山73ha、香取郡町15haと発表。また国有地（御料牧場）は232ha、県有地104ha、民有地724ha、敷地内戸数250戸とされました。

同日、成田市議会は空港設置反対決議案を賛成17、反対5、白票3で可決します。7月20日、芝山町議会も反対決議案を可決。

ところが、7月30日に新東京国際空港公団が発足し、空港は建設に向けて動き出します。8月2日、成田市議会も空港反対決議を建設予定地選出の市議6人が欠席する中で撤回。このときに反対同盟員が議場に押し寄せるのを防ぐため、初めて機動隊が動員されます。反対決議の撤回によって成田側には交渉の窓口ができ、条件付き賛成派の組織が次々と発足されました。

息を呑むような推進派と反対派の攻防戦。県が首相からの正式要請を受けてからここまでわずか1カ月強。「青天の霹靂」のまま、ただ反旗を上げるしかなかった三里塚の〝熱くて長い夏〟が始まろうとしています。

▼反対派の土地は強制収用へ

同年12月、空港の基本計画が示されます。

それによると滑走路は4000mと2500mの平行滑走路、3200mの横風用滑走路の計3本とし、第一期工事として昭和45年度末までに4000m滑走路とこれに必要な空港施設を造り、1973（昭和48）年末までに全工事を完了すると発表。

新空港の具体像が現われるにつれ反対運動も激化します。空港公団は、1967（昭和42）年10

月から11月にかけて空地敷地の外郭測量を行ないます。

このとき時代は学生運動最盛期。反対同盟は三派系全学連の支援を受け、空港反対運動は反戦・反権力運動然とした色彩を帯び始めます。翌1968（昭和43）年2月には、2000人が成田市役所構内にあった空港公団分室への突入を図って機動隊と激しく衝突し、多数の負傷者が発生。一方、条件派との土地買収交渉は同年4月に妥結し、これによって空港公団は民有地587haを手にします。しかし、残りの反対派の土地は交渉の糸口がつかめないまま強制収用をすることに。

▼歴史的な社会問題として衝突は激化

1969（昭和44）年9月、反対派の土地収用が空港公団から県に申請。

10月、空港建設工事に初めてブルドーザーが入る。

11月、これを阻止しようとした反対同盟・戸村委員長が逮捕される。

翌1970（昭和45）年末、ついに県の収用委員会が反対派の土地収用を裁決。

反対派は代執行（強制執行の手段の1つ）に備え、地下壕を掘り始めます。1971（昭和46）年2月から3月にかけて第一次代執行が、同年9月には第二次代執行が行なわれ、5日間にわたり、機動隊2万2000人が動員されました。反対派は1万3000人を動員し対抗しましたが、第一期工事区域内の拠点は撤去され、同区域内に最後まで残っていた民家にも代執行が行なわれます。この第二次代執行では周辺警備の警官が襲撃され、3人の死亡者、890人の負傷者を出すほどでした。

激しい反対闘争のなかで整地作業は進み、同年末には1972（昭和47）年6月の開港を各国にアナウンス。しかし、開港は航空燃料の輸送問題で決定的に遅れます。千葉市の千葉港からパイプラインで空港まで運ぶ計画でしたが、千葉市の猛反対により却下され、茨城の鹿島港と千葉港から鉄道タンク車で成田に運び、さらにパイプラインで空港まで運ぶことになりました。このパイプライン工事は使用する土壌凝固剤の安全性の問題や工事に伴う湧水対策などで大幅に遅れ、完成したのは1977（昭和52）年でした。この間にも反対運動は続き、反対派は鉄塔を建てて対抗をします。この鉄塔の撤去をめぐって反対派1人と警官1人が死亡。

1978（昭和53）年3月、開港を目前にして、反対派ゲリラが管制室を占拠する事件が発生。管制塔内の機器を破壊し開港は延期されました。

同年5月ついに「新東京国際空港」が開港します。開港時点で、完成にこぎつけられたのははじつは第一期工事分だけでした。それ以後も反対派によるテロ・ゲリラ事件などが多発し、京成電鉄の特急「スカイライナー」用車両が放火され、数編成が被害を受けダイヤに支障をきたすなどの事件が相次ぎ、警官は引き続き厳重な警備を敷きました。

正常な運営、工事の着工はおぼつかないながらも、滑走路2本を含む第二期工事は1986（昭和61）年から5カ年計画で開始。1990（平成2）年まで、農家8戸を含む未買収地21・3haの用地取得は膠着したままでした。県収用委員は委員長が襲撃され瀕死の重傷を負ったこともあり、

1988（昭和63）年に事実上解散しています。

▼開港から24年かかって

1991年、曲折を経ながらも反対派農民と政府が公式の場で初めて対話するシンポジウムが開かれます。ここにくるまで空港の閣議決定からじつに25年が経っていました。約600人が見守る中、政府側から「地域から孤立してしまった成田空港は仮死状態。その土地に再び生命を吹き込むための徳政を宣言する」、「位置決定にあたり、地元民への充分な説明と理解を得る努力が尽くされていなかった」と過去、現在までの軌跡を振り返り、未来に向けた姿を展望を示しました。この後も論戦は続いたものの、中立委員の誠意や政府の謝罪などもあって態度を軟化させる反対派も増えていきました。

そして懸案の第二期工事のうち平行滑走路については、1996（平成8）年には未買収地を避ける形で暫定滑走路を建設する案が計画され、2002年に〝暫定〟供用開始。当初3本を予定していた滑走路のうちの2本目それも縮小した形でようやくオープン。開港から24年の月日が流れていました。

▼増加する存在感、影響力

開港以来、年間約2700万人もの人々がこの空港を利用しています。貿易港としての功績も大

成田国際空港

きくなっています。特に近年ではコンピュータ関係の電気機械や電子部分など、微細で高価な製品の輸出入が増加したため、船による輸送よりも運賃は高くなるものの、目的地に早く到着することができる航空機を利用するケースが主流となりつつあります。その結果、成田国際空港の貿易額は、膨大な自動車が船で輸出される名古屋港を大きく上回り、２００６年には24兆１３３４億円を記録しました。また、マグロなど魚介類の輸入通関も多く（２０１１年度：３７９１６トン）、「成田漁港」の別称があるほどです。

開港により県内の交通網も充実を極めました。成田へ結ぶため首都高速湾岸線の多くが完成し、箱崎ジャンクションの渋滞を避けて都内へ向かうことが可能となったうえに、１９８３（昭和58）年に高速湾岸分岐線が開通したことから、定期バスにより成田空港と羽田空港、横浜方面を結ぶアクセスが改善。さらに東京湾アクアラインが開通したため、首都高速湾岸線や首都高速1号羽田線の渋滞時には、これを避けて羽田空港および横浜方面へ向かうことが可能になりました。

また、都心と時速300㎞のリニアモーターカーで結ぶ「羽田・成田リニア新線構想」にも期待が高まっています。構想ルートは、両空港間以外にも、横浜から東京都内や千葉を経て成田空港に至るもので、新宿やさいたま新都心までの支線の整備も計画されています。この構想が実現すれば、両空港間のアクセスが約27分と短縮されます。

こうして道路および鉄道が成田向きに結ぼうとすればするほど、東部寄りだった千葉の商業格差やインフラ格差が偏らず分散されるという効果も生まれるのです。

▼地元民の新たな危惧とこれからのNARITA

いまや県や周辺地域にとっても重要な財産である成田国際空港。名実ともに日本の空の表玄関で、海外旅行の高揚感に包まれた旅行者が出国を待ち華やかな空気を醸し出しています。しかし平行滑走路南側、騒音直下の東峰地区に目を向けると、頭上すれすれの高さをかすめるジェット機の爆音のもとで日常生活を送る人々がおり、完全解決に至らない成田問題の現実がそこにあります。

同滑走路は、東峰地区の根強い反対派住民による用地買収がかなわず、本来の計画とは逆の北側に延伸。2500m化され、ジャンボ機などの大型機の発着が可能となり、2009年10月より運用が始まりました。これを機に、2010年3月からは年間発着枠も2万回増えて22万回となり、中東方面などの新規路線が開設されました。将来の発着枠は30万回を目指しており機能強化の歩みは強まるばかりです。

その背景には航空業界の激化する競争があります。

2000年、羽田空港の再拡張と、羽田発着国際線復活、羽田24時間運用の報が流れました。また、ほぼ時を同じくして、茨城県の航空自衛隊百里基地の軍民共用化により、首都圏に第3の国際線空港（茨城空港）の開港が決定しました。

2009年には、前原誠司国土交通大臣（当時）が「日本のハブ空港は、韓国の仁川国際空港」と発言し、大型空港の建設が相次ぐ東アジアで高まる国際航空路線の獲得競争に対抗するため、日本政府として今後は羽田空港に重点を置き、同空港のハブ空港化を進めていく方針を表明しました。これにより、従来までの「国内線は羽田・国際線は成田」という棲み分けが見直されることとなり、地元自治体・政治家・企業関係者などに波紋を与えました。しかし、翌日になって前原大臣は森田健作知事と対談し、従来通り羽田・成田の運用を基本的には崩さない趣旨を伝えました。しかし2010年羽田空港へ32年ぶりに国際線定期便が復活。これに伴い、成田国際空港の発着枠に余裕ができたことから、国内線の増設、格安航空会社の誘致ならびに専用ターミナルの建設を行ないました。

地元としては、羽田の再拡張と茨城空港の開港による成田国際空港の「地位低下」を危惧しているそうです。地元の感情としても、国がゴリ押しでことを進めたあげく、「羽田に目途が立ったので、成田は見捨てて、また羽田に戻します」という話は許されないでしょう。

茨城空港は航空会社へのPRとして「着陸料を成田の6割」であることを掲げており、格安航空会社を中心にシェアの確保を図っています。そのため、一部国際線の逸走につながる可能性がある成田国際空港にとっては、対抗上からはさらなる整備の進捗によって利便性や発着機能の向上を目指す必要があるでしょう。

こうした中、成田など空港周辺の市町は「共存共生から共栄へ」の理念のもと、地域と空港がともに発展していくための協議を進めており、成田はようやく新時代に入ったといえるでしょう。

4　まさか造りっぱなし？　どうなる幕張新都心

▼副都心としての機能は果たせておらず

1973（昭和48）年、北総が「成田問題」で揺れる一方で、千葉市幕張A地区の埋め立て造成工事がはじまろうとしていました。潮干狩りと海苔という何ら変哲もなかったのどかな海岸は、沖の浚渫船の吸い上げる土砂がサンドパイプで送られ、みるみる埋めたてられていきました。「千葉県第四次総合五ヵ年計画」によれば、ここには「相当規模の業務機能を持つ新都心の建設」が予定されることとなっていました。成田空港の予定地見積もりもさることながら、幕張でも「相当規模」というあいまいな算段がすでにされていたことが見え隠れします。

1980（昭和55）年、造成工事が完了します。このころ県は、ここを新都心としてよりも「学園のまち」として位置づけ、早稲田大学の誘致を図りますが、埼玉県所沢市への進出を固めていた早稲田大学は幕張への進出を断ります。このため「学園のまち」は、その核がなくなり構想は崩れてしまいました。

1981（昭和56）年、「幕張海浜公園都市計画」が決定され、当初の新都心構想が具体化されはじめます。翌年には、この幕張と、先発の成田空港関連事業および上総新研究開発都市構想（「かずさアカデミアパーク」および「東京湾アクアライン」）を結びつけた前出の「三角構想」の検討がはじまります。同年、幕張については成田と都心との中間という地の利を活かして、メッセを核とした幕張新都心計画が構想されます。

1984（昭和59）年、幕張新都心事業化計画がまとまり、522haの土地に人口2万6000人、就業人口15万人の新しい都市ができる構想になりました。そして「幕張メッセ」が1989（平成元）年に、「テクノガーデン」がその翌年にオープン。こうして「三角構想」のなかでは最も後発ながら幕張新都心構想が動きはじめます。

——というのはあくまで表向きである感があり、じつは「すでに開発されつくし、もう都心部には土地がない。ならば新しく埋め立て地に副都心を作ってしまおう！」なる政府の号令から東京湾岸埋立計画が進められた、という誕生側面も持つ幕張副都心。ところがこの幕張の副都心、すでに周知のとおり副都心としての機能は果たせておらず、一時期より持ち直したとはいえ、いまだにどこか味気ない空気が支配しています。

巨大展示場の幕張メッセに千葉ロッテマリーンズのホーム球場「QVCマリンフィールド」があ

るおかげで、イベントや試合がある日はある程度の活気を見せてはいますが、逆に言えば1年の大半はゴーストタウン一歩手前という有様です。「一時期より持ち直した」と前述したとおり、2000年ごろは本格的にゴーストタウンの一途をたどっていました。

▼ゴーストタウン化する未来都市

1970年代後半の東京湾埋め立てによって開発された幕張新都心。「職・住・学・遊」が融合した未来型の国際都市をコンセプトに、次の6地区で構成されています。

東日本旅客鉄道（JR東日本）京葉線の海浜幕張駅を中心とした「タウンセンター地区」、企業が立地する「業務研究地区」、学校などが立地する「文教地区」、集合住宅が立地する「住宅地区」、東京湾沿岸の幕張海浜公園を中心に広がる「公園・緑地地区」、そして1989年から編入・拡張された「拡大地区」。

こうして華々しく誕生した〝未来都市〟は、ニュータウンとして隣市隣県からも移住してくる人が増え始めます。バブル景気に躍る1980年代後半には、業務研究地区に高層ビルが林立しはじめ、メッセも球場も完成し同時に大企業の誘致をスタート……したあたりでバブルが崩壊し、ここからゴーストタウン化が始まりました。つまり箱モノをつくるだけつくったところで即刻破綻となってしまったのです。

当初はソニー、日本航空、三井物産などの大企業十数社が土地利用の契約内定や本契約をしましたが、バブル崩壊後に契約解除や計画の凍結が相次ぎます。現在ビルに入る企業も、ほとんどは本社移転まで踏み切ることなく大方は〝支社止まり〟。そもそもバブル崩壊で企業自体が傾き始めていたこともあります。このように都心部から離れた支店が町に活気をもたらす気配はありませんでした。

キックオフ時の幕張新都心は企業誘致の段階で一流企業しか相手にしておらず、カラオケ屋や風俗店、居酒屋の類も出店禁止、地元の中小企業ですらお断り、という高っ調子。当然地元企業からは不興を買い、自治体からの支援やテコ入れは消極的なものでした。「拡大地区」に開設予定だった京葉線の新駅計画も頓挫したまま放置中。こうして幕張新都心のそこかしこには現在も広大な空き地が残っています。むろんここに新駅をつくったところで、赤字は膨らむばかりでしょうから。

幕張メッセ

割を食ったのは、バブル景気の波に乗って幕張に住宅を構えた層で、買った時が最高値、住み始めたら二束三文の不良物件という惨状に。ただ、物件自体の価値は下がれど暮らしやすい町ならまだ救いようがありますが、下世話な施設は〝門前払い〟の近未来都市には、大手資本のチェーン店くらいしか出店できなかったため、赤ちょうちんの大衆居酒屋はもとより風俗やキャバクラも皆無。幕張《マクハ》リーマンは、仕事帰りの一杯をするためにわざわざバスで別の町に移動していたとかいないとか……。

▼3大ベイエリア唯一の失敗例？

同じく首都圏近郊のベイエリアに、同時期に誕生した新都心があります。横浜の「みなとみらい21」と臨海副都心「お台場」。どちらも決して〝大成功〟とまではいえませんが、それでも幕張新都心とは比べものになりません。みなとみらいは、幕張と同様にビジネスエリア、居住区、公園エリアなどに分かれていますが、横浜の中心部から近いこと、新規の鉄道路線を敷き複数の駅をつくったことで、安定した賑わいを見せています。なにより普通に盛り場として飲み屋などもあるので、観光客や遊行客もやって来ます。

幕張にも居酒屋はあれど、どこもだいたい22時にオーダーストップしてしまうため、ようやく気分がよくなってきたところで撤収。盛り上がりかけていた飲み会も不完全燃焼になってしまう。そのため、夜は夜で人気《ひとけ》がなく、巨大ビル群だけが漆黒の闇の中そびえ立っている様相は〝ゴースト感〟を助長させます。活気があるのは深夜になると湧き出す、「ルーレット族」「ゼロヨン族」「ナンパ族」の通称「三族」だけ。

お台場に関しては、幕張メッセのお株を奪う巨大展示場「東京ビッグサイト」があり、またフジテレビ本社のお台場移転によりこれが観光資源になっています。なにより東京都内という立地のおかげで、幕張と比べれば格段にアクセスしやすい。

この2大ベイエリアに対して幕張が勝っている点は……現状残念ながら探すのが難しい。球場なら横浜にはみなとみらい地区ではないものの横浜スタジアムがあるし、メッセはすでにビッグサイトに集客力で大きく水をあけられている状態（なによりイベント開催頻度が違う）。大企業誘致も横浜、お台場のほうがリードしてしまっている状況。そして時代はバブル崩壊よりさらにひと回りし、都心の地価が下がった2000年前後には、幕張にオフィスを設ける必要はますますなくなってしまいました。

あまりにも入居が停滞したために、2007年に分譲を一旦休止していた「拡大地区」ですが、豊砂地区の未利用地（8区画18・3ha）を早期に活用するため土地利用を見直し、2010年、オフィス用途から企業ニーズに合う商業用途に変更しました。そして同年9月から公募を再開し、12月に大手マーケットチェーン「イオン」を進出事業者に決定します。以来、カタカナ企業ならOK、もう中小でも本社ならOK！とハードルは下がりまくり、さすがに背に腹は変えられないという状況まで至った様子がわかります。

イオン幕張

イオン本社が移転してきたこともあり、イオン系列の店が増えていき、2013年12月には、イオンモールの旗艦店となる「イオンモール幕張新都心」が開業予定。また、千葉市や進出企業等が費用を負担する請願駅として、京葉線の新習志野駅―海浜幕張駅間（コストコ付近）に新駅を設置する計画も上がっています。

▼「バブルの負の遺産」のレッテルを脱するべく

長らく「新都心計画の失敗作」「バブル崩壊でまちづくりに失敗したエリア」と言われ放題だった幕張新都心。大企業を誘致すべく高層ビルを林立させた直後のバブル崩壊、テナントのいない無人のビルを「墓標」「巨大な卒塔婆」などと揶揄されたこともありました……。そんな幕張新都心も、ようやく平成不況を抜け出し、いざなみ景気（２００２〜２００８年）によって、見かけにふさわしい企業＆商業の集積地へ向かおうとしています。

バブル崩壊後は日本全体の地価が大暴落し経済は大混乱しました。しかしようやく「失われた10年」から脱却しはじめた２０００年代には、その地価下落から都心回帰の動きが出はじめます。地価やオフィスビルのテナント料が手ごろになったため、企業や不動産動向がまた都内へと戻りはじめたのです。すると、バブル期ほどではないにせよ、今度は地価が（適正価格程度に）値上がりし、再び都心部に近いエリアもオフィス＆居住地候補として注目されはじめます。その動向の台風の目とされているのが、まさに幕張新都心なのです。

また、ベイエリアのライバル横浜・お台場よりも住宅エリアとしては地価がお値打ち、教育環境

（小学校から大学までエリア内に揃う）もやや優勢。イオンやアウトレット、コストコがあることで衣食もリーズナブルに収まるのもメリット。

通勤地として、居住地としての幕張新都心が見直されつつある近年、海浜幕張駅には通勤客の姿が目に見えて増えています。かつて人気《ひとけ》がなく次々撤退していった駅前商業エリアには、空きビルを埋めるように「三井アウトレットパーク」をはじめとする大型店舗が進出してきています。むしろ空き地だらけだったことが幸い（？）して、大型店舗が出店しやすいという事情も重なったようです。箱モノ「だけ」は整備されていた幕張新都心なので、人の流れさえできれば発展する余地は大いにあります。

バブル崩壊→地価下落→都心回帰→ふたたび郊外移転、という流れで再注目を浴びつつある幕張新都心。景気に左右され続けながらも、今後すぐには大規模な景気の乱高下の見込みはなさそうなので（アベノミクス次第？）、地道に真価を発揮していくはずでしょう。

▼メッセに並ぶ幕張のシンボル「千葉ロッテマリーンズ」

幕張新都心6区のうち「公園・緑地地区」には幕張海浜公園（日比谷公園の約4倍！）が整備され、人工海浜「幕張の浜」やプロ野球・千葉ロッテマリーンズの本拠地である「QVCマリンフィールド」が立地しています。それまで千葉では大規模な野球大会には「千葉県野球場」（千葉市稲《いな》毛《げ》区）が使用されていました。しかし同野球場にはナイター設備がないことや収容人数が3万人に満たないことなどが理由で、プロ野球公式戦が行なわれてきませんでした。

これはまだロッテ球団が千葉に移転してくる15年以上も前の出来事です。老朽化しかつ狭隘な川崎球場を本拠地とし、観客動員が伸び悩んでいたロッテオリオンズは、関東の他球場への本拠地移転を検討した際、候補の1つとしてこの千葉県野球場を挙げていたのです。ただ前述の理由で断念するという結果にはなりますが、すでにこのときから千葉とロッテ球団の〝縁〟は育まれていたのです。

QVCマリンフィールドの遠景

その後、千葉市は1980年代初頭にプロ仕様の大規模野球場を建設する計画を立てますが、一時休眠してしまいます。しかし件の幕張新都心計画に組み込まれる形で球場建設の計画が復活し、多目的野球場として「マリンスタジアム」が建設されることになりました。竣工は1990（平成2）年で、同年3月に開場。総建設費は133億円でした。まさに海に臨接する立地の球場で、伊達に「マリンスタジアム」と名乗っていないと、訪れた方ならおわかりになるでしょう。

▼千葉にとっても新たな船出の年となった1992年

やがてマリンスタジアムにプロ球団を誘致しようと県民・市民や県内政財界関係者によって「千葉にプロ野球を誘致する県民会議」が結

成。誘致活動が実り、同年3月に読売ジャイアンツ対ロッテオリオンズ（当時）のオープン戦が開催されます。

上げ潮ムードのなか、県・市は首都圏6球団の中で特に川崎球場へ不満を募らせ続けていたロッテ球団に対して、千葉への本拠地移転を前提として誘致を進めます。その結果、ロッテ球団は1991年夏に本拠地の千葉移転を決定。同年9月に実行委員会でロッテ球団の千葉県への移転が承認され、10月のオーナー会議での承認を経て、1992年からロッテ球団はマリンスタジアムに本拠地を移すことが公示されます。ちなみに、千葉市が政令指定都市なったのも、千葉急行（現・京成千原線）が開業したものこの年。1992年は千葉にとっても大きな節目と位置付けられる年になりました。

移転の際、球団名は地名を冠した「千葉ロッテオリオンズ」が暫定となっていましたが、一般公募を行ない改称することに。そして選考の結果、新たな愛称を「千葉ロッテマリーンズ」に決定します。ところがじつは応募1位の愛称は「ドルフィンズ」でした。しかし中日ドラゴンズの語呂や頭文字［D］が類似するなどの理由で採用されませんでした。ほかに「パイレーツ」、「パラダイス」なども上位候補でした。しかし、「パラダイス」になっていたら前代未聞。それはそれで話題になっていたことでしょう。

プロ野球界でやや〝マイナー感〟のあったオリオンズのイメージを一新しようと、新ユニフォームはピンクにグレーのラインという斬新なデザインに。反響は大きく、女性ファン層も取り込みました。上位争いを繰り広げるチーム情勢も相まり、各メディアには「ピンクの旋風」の見出しが躍りました。レプリカのユニフォームやメガホンの応援グッズや選手のキャラクター商品の売れ行きも上々で、年間観客動員130万人という順調な滑り出しでした（それでも1年目は最下位に沈んだ）。

翌年も5位に終わってしまうと〝移転景気〟も徐々に潰え、観客動員は93万人に激減。県民の熱が次第に冷めたものになっていくとともに、市の財政難も重なり、行政側も支援に消極的になっていきます。こうして、川崎時代から続く「12球団最低レベルの観客動員数」というレッテルは千葉移転後もしばらく拭えませんでした。

しかし、プロ野球記録18連敗によるエース黒木投手の涙やメジャーリーグ監督経験者・ボビー・バレンタイン氏の招聘あたりから風向きが変わりはじめます。力強くナインを鼓舞するバレンタイン監督による活気あるチームづくりや、従来の野球の応援とサッカーの応援を融合させた斬新な応援スタイルが多方面で高い評価を得、新規ファンを獲得していきます。その独自の応援スタイルと活気あるチームカラーがマッチングしながら、チーム成績も上昇傾向に。

そして2005年、バレンタイン監督指揮のもと千葉移転後初優勝を果たします。すでにチームカラーは川崎時代を微塵も感じさせないような垢抜けたイメージが定着しており、地元からの支持は揺るぎないものになっていました。観客動員も安定し、かつての閑古鳥はどこ吹く風。今ではすっかり「千葉の球団」として地元に根付いています。

野球にせよサッカーにせよプロ球団の有無は、その県の豊かさの指標の1つとして語られることがままあります。特に球団数の限られるプロ球団の場合は顕著です。第2章で「海あり山あり平野あり都市部あり、そして東京近接。じつは最強?」と著述しましたが、そこに「プロ球団もあるし!」と追記すると尚豊かさの陣形は抜け目のないものになってくるでしょう。

5　千葉を工業県たらしめた「川鉄」誘致

千葉の歴史と発展、そして第4章のテーマ「巨大施設と巨大工事がもたらしたもの」を語るうえで欠かせないキーワードといえば「埋め立て」。特に県庁所在市でもある千葉市は面積約272平方kmのうち約12・5%にあたる、約33・9平方kmが埋め立て地という、ほかの自治体には類を見ない大きな特徴があります。しかも、幕張の美浜区にいたっては全域が埋め立て地というのだから驚嘆します。

穏やかな白波と松林が織りなす海岸は、かつて森鷗外や島崎藤村といった文豪たちにも愛された美景でした。そんな千葉の臨海部で最初の埋め立て地が誕生したのは、1910（明治43）年のことで、寒川港改修工事で出洲《でず》が埋め立てられました。しかしその翌年に太平洋戦争が勃発し、工事は一時中断します。

▼農業県から工業県への変貌

戦後間もなく副知事に就任した友納副知事はこれからの千葉の発展について模索していました。都道府県の税収入というものは、商工業を中心とする産業構造を持つ都府県であれば増加が見込めますが、千葉のように1950（昭和25）年の第一次産業就業人口が63・2％（全国48・3％）、第二次産業就業人口が12％（同21・9％）のような産業構成を持つ道府県は税収入の減少が案じられました。県税収入を増やすためには、千葉も工業県になる必要があると考えられました。

そこで浮上する話が前出の寒川海岸の60万坪もの埋め立て地です。戦時中は、日立航空機が使用していましたが、軍事収益がなくなった千葉市は消費都市から生産都市へと脱皮する必要があるとして、ここに工場を誘致しようと図り、県に持ちかけます。県としても工場がくれば事業税収入の増加となるほか、農村の二・三男などの余剰労働力を県内の工場に吸収することができ、併せて工業化によって県民所得の向上が期待できるとして、千葉市の申し出を受け入れます。そして県と千葉市は埋め立て地に紡績会社の誘致を計画するものの、進展しませんでした。

このころ銑鋼一貫製鉄所の建設用地をさがしていたのが「川崎製鉄株式会社（川鉄）」でした。川鉄は1950（昭和25）年に川崎重工業から分離した会社で、当初は兵庫県神戸市に本社を置いていました。しかし平炉だけしかなかった川鉄は、高炉を建設して一大鉄鋼メーカーになる展望を抱いていました。

折しも1950年は、朝鮮戦争が勃発した年で、戦争特需が経済界を潤しているときでした。やがて1955年ごろには爆発的な好景気「神武景気」が起こり、高度成長のはじまりともいえるこの好景気により、京葉臨海工業地帯の重要性と必要性が高くなっていくなか、千葉県主導で埋立造成事業が進められることになります。

川鉄社長・西山弥太郎は新製鉄所の用地として、山口県防府《ほうふ》市の海岸や同県光《ひかり》市の海軍工廠跡などを有力候補地と考えていましたが、同時に製鉄所が稀少な東日本への進出も考えており、東京湾岸の調査も進めていました。そこで寒川海岸の埋め立て地のことを知り、視察に出ます。視察団は「山口県の各候補地を調査してきたばかりの生々しい目でこの敷地を見まして、まったく惚れ惚れした。これ以上の敷地はなかろう」と食指を動かします。

この報告を受けた千葉市・宮内三朗市長（当時）は欣喜雀躍し、「土地はタダで提供する。1万トン級の貨物船が出入りできる港や水路をつくる。必要な電力や工業用水は責任を持って確保する。地方税は免税期間を講ずる」と一気に口説きにかかります。県は乏しい財源のなか、しかも一企業のための事業ということで国庫補助もほとんどつかないまま千葉港修築工事を敢行します。

▼一企業誘致のために、これでもかの好条件を提示

工事そのものは順調に進捗。潮流がおだやかで大きな河川がないため、砂の移動がなく航路が浅くなる心配はありませんでした。そして1953（昭和28）年鉄鉱石を積んだ高栄丸（1万トン）

が入港し、千葉港修築工事は完了を迎えます。製鉄所で重要な水の確保は印旛沼干拓計画を縮小してここから取水するとしましたが、当面は井戸を掘って地下水を汲み上げました。この結果、蘇我《そが》地区の民家の井戸が枯れてしまったため、県は急いで蘇我地区に県営水道を引きます。電力については、県・千葉市と東京電力の負担で15万ボルト・32㎞の送電線を川鉄に引きます。さらには5年間の事業税・固定資産税の免除も約束。さらに埋め立て地も拡張し……と、「これでもか！」という好待遇のもと、同年川鉄は第一号高炉に火を入れ、操業を開始します。

「高炉を持っている」というのは鉄鋼メーカーにとってステータスであり、製鉄、鋳造、加工、出荷までを自社のみで完結できるのが最大の強み。鉄鋼業界ではわざわざ「高炉メーカー」と呼ばれるほど特別視されており、巨大企業の条件ともなっているほどです。

川鉄の進出は千葉県臨海部への工場立地の呼び水となりました。１９５４（昭和29）年には東京電力の進出が決まり、１９５９（昭和34）年は川鉄の南側の埋立地に東洋一の出力60万キロワットの火力発電所が完工します。

このときから、進出希望企業に埋立事業費と漁業補償費を先払いしてもらい、その資金で造成した埋め立て地を企業に引き渡す、という通称「千葉方式」が採用されます。皮肉たっぷりに「他人のふんどし方式」とも呼ばれるこの千葉方式ですが、いつまでも自前で広大な海を埋め立てることは県財を逼迫するため、編み出された方式でしょう。その後、この方式は修正され、県が事業費の三分の一を負担し、民間デベロッパー（三井）と共同で埋め立て事業を行なう通称「出洲方式」に変わります。いわゆる、現在では大規模開発なら当たり前の「官民共同事業方式」を全国で初めて採用したのです。

この間に県ではじめて京葉工業地帯造成計画が立案され、国民所得倍増計画の推進に呼応して1962（昭和37）年には工業開発中心の千葉県長期計画も策定されます。こうして浦安から富津まで100kmにも及ぶ広大な臨海埋め立て計画が実施された結果、五井・市原地区に1959（昭和34）年「旭硝子」が進出したのを皮切りに、石化学コンビナートや造船所、火力発電所などが続々と建設されます。1968（昭和43）年には、「新日本製鉄」の君津製鉄所も本格的に稼動。新日鉄君津製鉄所の立地は、千葉を本格的な工業県に〝離陸〟させるうえで大きな意味を持ったといえるでしょう。

住宅街にそびえ立つ川鉄の高炉

こうして千葉の工業は急速に成長し、1960（昭和35）年では2100億円だった工業出荷額が20年後には9兆9000億円と、じつに約47倍にまで膨張します。その後も工業出荷額は年々急上昇し、1985（昭和60）年には全国の工業出荷額の4・2％を占め全国第8位にまで上昇します。

京葉工業地帯の形成を牽引車として千葉の工業化・都市化が急激に進むのに伴い、「農業県」としての千葉および農村にも著しい変化が見られます。稲作をはじめ農業労働の機械化が急速に進むとともに、野菜・果樹・畜産などの換金性の高い作物が多くつくられるようになります。一方では労働力の流出や農地の転用も起こり、農家数は1960（昭和35）年の18万2000戸から1980（昭和55）年の13万7000戸と、四分の三ほどに減少。なかでも目立つのは専業農家が20年間で8万2000戸から2万3000戸へ激減し、これと対照的に、農業外所得のほうが多い第二種兼業農家は4万7000戸から7万7000戸に増加して全農家戸数の6割近くを占めるようになりました。

昭和50年代以降は、東京に近接した地の利を活かして野菜と畜産の割合が増え、米の割合は減少。一方では農地の賃借が盛んになり、機械化、省力化によって生産性を高める農家経営が行なわれており、これも東京近接の農業地帯としての千葉の姿が反映されています。

▼「川鉄の企業城下町」として発展

工業地帯として発達していく過程で、川鉄以外の重工業メーカーが増加していきますが、それでも川鉄ほどのスケール感のある企業はなく、ライバルと呼べる規模だった日本鋼管とも合併して一体化。現在の「ＪＦＥスチール」と社名を変え、さらに巨大化し影響力を増しています。

早くから千葉に君臨していた川鉄は町づくりにも大きな影響を与えています。そもそも所有区域が膨大ゆえ川鉄の土地利用いかんでダイレクトに「千葉市のまちづくり」と直結してしまうわけです。特に工場のあった蘇我エリアは、川鉄にとっても重要拠点であったため、蘇我エリアの海岸線には川鉄系の工場が林立、埋め立てが開始されるや、そこにも矢継ぎ早に工場を建てていきます。蘇我を中心とした千葉市内にはしだいに川鉄社員が増殖し、やがて「蘇我の住民＝川鉄社員」と言っても過言ではないほどになります。まさしく「企業城下町」といった様相を呈していました。ちなみに現在の千葉市中央区の面積の19％は川鉄の工場敷地となっています。

近年の千葉市にとって一大トピックスとなった「ジェフ市原の千葉市移転」ですが、これは川鉄（JFE）が工場用地を千葉市に一部売却、その跡地にスポーツ施設を建てようという計画が発端でした。つまり川鉄が土地を手放さなければ「フクダ電子アリーナ」は誕生しておらず、したがってジェフも千葉にはやってこなかったかもしれません。プロ球団の情勢さえも操ってしまうその影響力は絶えず衰えず、今日も千葉を代表する超巨大企業として存在感を放っています。

このように千葉では、前述した千葉県新産業三角構想にあたる国際空港都市化や臨海部の開発、東京湾横断道路におよぶ房総リゾート地域整備構想など大型開発プロジェクトが著しく進行しました。その一方で、住宅環境の整備も課題として残されています。この章最後の項はそのあたりを解きほぐしてみましょう。

6 巨大物《デカいもの》に巻かれたニュータウン、ベッドタウンの今後

この章の最後にニュータウンを配したことには、もちろん、大規模な重化学工業地帯の形成や空港をはじめとする交通大整備→それに伴う人口増加→住宅の供給が急務という流れを汲んでのこと。長い物に巻かれる形、いや、巨大物《デカいもの》に巻かれる形で乱立されたニュータウンやベッドタウンですが、じつはこれこそが、ディズニーランドよりも幕張よりも川鉄なんかよりも、規模が巨大だといえるでしょう。

▼これこそが「巨大工事・巨大施設」のオオトリ

工業化・都市化の進行は人口の動向にも表われます。工業開発にしたがって1960年代以降に社会的増加を主因として千葉の人口は急増をはじめます。

1955（昭和30）年には全国初の住宅団地が八千代・流山に建設され、続いて千葉・東葛地域

を中心に日本住宅公団や県・市によって次々に大規模な公的住宅団地が開発されます。1969（昭和44）年にはじまった印西《いんざい》・船橋・白井《しろい》にまたがる「千葉ニュータウン」の開発事業は、人口34万人の職住近接の都市を造成し、鉄道で都心と結ぶ計画でした。急テンポで増大した千葉の人口は1968（昭和43）年に300万人に達し、1974（昭和49）年に400万人、1983（昭和58）年に500万人を超えます。やがて1992（平成4）年に県都千葉市が政令指定都市に移行します。

特に千葉県北西部は東京への通勤者のベッドタウンとなりました。すでに県内のベッドタウン化は関東大震災以後に市川《いちかわ》では見られたものの、戦後の怒濤のようなベッドタウン化の皮切りは、1952（昭和27）年に計画され延べ3年をかけて完成した前出の住宅団地「八千代台団地」でした。ここには旧陸軍の実弾射撃場として、また習志野騎兵連隊の演習場として使用された国有地があり、最初はここに住宅団地をつくる考えはありませんでした。もともとこの土地は、近くの鷹之台ゴルフ場が戦時中から農地として使われていたのをゴルフ場に戻すため、そこの農民たちの移転先として県の斡旋で県内の建設会社が国から払いさげてもらったものでした。ところが農民たちはゴルフ場で働くことになったので代替地が不要になってしまい、県は改めてその活用法を考えることになりました。

そこで東急沿線の「田園調布」にならって、側を通っている京成電鉄に新しい駅（八千代台駅）をつくらせ、住宅団地を建設することにします。随分と簡単に言ったものですが、1つの駅をつくるにはどれほどの労力がかかるか、〝お上〟は承知のことだったのでしょうか……。

県は払い下げを受けた建設会社から土地を買い、県と京成電鉄・東武鉄道の出資で財団法人組織の千葉県住宅協会を発足し、ガス・水道付の建売りの住宅団地を建設しはじめます。ガスは茂原《もばら》から天然ガスをボンベで運んで大きな球形のガスタンクに入れ、水道は深い井戸を掘って地下水を利用。分譲価格は坪２４００円（当時）でした。県住宅協会の会長だった友納副知事（当時）は団地完成にあたり次のように回想しています。

「私は昭和13年に習志野騎兵連隊に入隊し、習志野原、特に団地のできた旧高津新田は、『騎兵の襲撃』という最も激しい訓練を受けた場所であったので、この団地の名前を『騎兵台』と名付けたかったが、『軍国主義的だ』と反対され、一般から公募した結果、『八千代台団地』となったのであるが今でも残念に思っている」

なんのことかと思えば、団地のネーミングについてである。古文書でいやに目に付いたので転記させていただきました。

▼千葉県内大型公団団地の系譜

本題に戻して、県住宅協会は１９５８（昭和33）年、同様の造成手法で東葛飾郡流山町（現・流山）の東武鉄道野田線に「江戸川台」という新駅をつくり、この駅を中心に約１８００戸、25万坪の江戸川台団地を建設します。政府が発足させた日本住宅公団も、この八千代台と江戸川台の２つの団地造成の手法を大団地造成の手本としたほどです。

　この日本住宅公団が最初に手がけた住宅公団は松戸の常盤平団地でした。ここは山林と農地が交錯するところで、戦後の農地改革以来200戸あまりの農家が近郊農業を営んでいました。津田沼から延伸してきた新京成電鉄は、初富《はつとみ》・松戸間を開通させて単線運転を開始し、無人駅の金ケ作駅ができます。

　住宅公団は323人の地主から用地買収をはじめますが、これに反対する69人は反対同盟を結成。反対同盟の抵抗はしだいに激化し、1958（昭和33）年には測量中の公団職員との抗争により、反対同盟から2人が検挙。また、ブルドーザーの前に座り込んだり、人糞を公団総裁の加納久朗（のちの千葉県知事）にふりかけたり、東京九段の公団本部前に大根を積み上げたりしました。

　しかし、こうした反対運動も工事が進むにつれ条件闘争へと変化し、じきに反対同盟は解散。この間、入居者の募集がはじまり、1960（昭和35）年には戸数4924戸、人口1万8958人の常盤平団地が完成。同年新京成線松戸・八柱《やはしら》間は複線となり、駅名も「常盤平」に改称。この常盤平団地の後、県下には高根台団地（船橋）、習志野台団地（船橋）、小金原団地（松戸）などの公団団地の建設が相次ぎました。

　公団団地の造成とともに民間の宅地開発も過熱し、開発によるスプロール（虫食い）現象は無計画な市街地化や交通難の激化、住宅環境の悪化など多くの弊害をもたらします。こうしたなかで、人口増加率は東京に近接した地域から、より遠い地域へと年ごとに移行していきます。この状況を見て、県は積極的に宅地開発に参加して単なるベッドタウンではなく、地域開発の拠点都市となるようなニュータウンの建設を計画します。

昭和30年代後半から40年にかけては、経済の高度成長がもたらした都市への人口集中による先進地域と後進地域間の格差の是正を目的とする地域開発の時代であったので、このような計画が立てられた側面もあります。また、北総地域の中核に日本の表玄関となる成田空港が建設される情勢に対処して、県では、当初の目的より一歩進めて、ニュータウンの造成によって北総地域を総合的に開発しようとした目的もあります。

こうして1967（昭和42）年、県と住宅公団によって印旛郡印西町・白井町・本埜《もとの》村・印旛村と船橋にまたがる約3000haという広大な土地に34万人もの人口をもつ「千葉ニュータウン」が計画されます。首都圏においては多摩ニュータウン、港北ニュータウンに次ぐ大規模ニュータウンの誕生に期待が高まりました。

▼計画人口34万人にして、実数4万人

計画では成田空港から北総台地の真ん中に道路と鉄道からなる幅100mの交通路を東京まで延伸し、その両側に2・5kmの幅で長さ20kmにわたって都市をつくり、住宅地の周囲には企業用地を確保して〝職住近接〟を図るというものでした。成田空港と都心が最短距離で結ばれることが考慮された計画でしたが、しかし、用地買収に際して反対同盟結成の動きが出てくると、県は空港のほ

う の反対同盟と結託させないように、反対農民の土地は「営農調整地」として買収を遅らせます。しかしこのことにより計画に狂いが生じます。以後、20年経っても用地買収は三分の二に留まり、宅地造成は3割程度、人口はわずか4万人と沈滞。

1986（昭和61）年、計画人口は22万6000人に縮小すると発表。加えてバブル崩壊や少子化などの影響もあり、その後も数回にわたり開発規模が見直されます。こうした状態のため、周辺への企業誘致による職住近接どころか、入居者は都心と直結する足がなく、北総鉄道北総線および新京成電鉄により松戸・津田沼経由で都心に向かうという不便が生じています。とはいえ北総開発鉄道も計画人口の収益を見込んで新敷設した区間もあることから、多額の負債を抱え、運賃を高額に設定せざるを得なくなりました。そしてそれがまた住民の家計を逼迫する……という悪循環になっています。

北総線の運賃の高さ、近年の郊外型大型店舗の進出による交通渋滞、新住民と旧住民とのコミュニケーション不足による不調和、また、近隣の谷津や里山などにおけるゴミの不法投棄など、町の拡大と時代の変化による問題が山積している千葉ニュータウン。敷地内の東部に行くほど空き地が目立ち、街区としての未完成度が顕在しています。さらには、開発区域内に稀少生物が見つかるなど、開発と自然環境保護の問題にも直面しています。

千葉県企業庁と都市再生機構は、2013年度をもって新住宅市街地開発事業である千葉ニュータウン事業を完了すると発表しており、これらの課題が解決されないまま開発者が撤退するという状況を迎えています。

▼ニュータウンに消えた農村

千葉ニュータウンにおける印西市域のうち船穂《ふなほ》、草深《そうふけ》地区がその大部分を占めており、近世における「印西牧」の跡地でした。北総線「印西牧の原駅」付近に位置する印旛郡船穂村草深には、印西牧を中心とした古くからの開拓地がありました。千葉ニュータウンの予定地域に指定された1966（昭和41）年時点では、草深地区の戸数352戸中106戸を数える大集落を形成するに至っていました。この規模をなすには、土壌の改良、畑灌の工事、栽培作物の工夫、家畜や耕運機の導入等々、文字通り、一本の草、一塊の土にさえ、開拓民の血と汗と涙がにじんでいました。

しかるに、せっかくの良土もニュータウンの〝侵犯〟により、1972（昭和47）年には営農区域への移転を余儀なくされます。やがて北総開発局との間に土地売渡しの調印がなされ、ニュータウンの25m道路予定地の南側の営農区域に、全戸数（106戸）のうち70余戸が移転しました。

草深地区は山林・畑・原野が他地区に比して圧倒的に多く、人口密度はヘクタール当たり2人、第一次産業の占める割合は80％、地勢は開拓地を含めて平坦そのもので、〝開発にとっては〟何らの障害物もない。東京都心へは25㎞、成田国際空港へは20㎞。ニュータウン造成には、県および政府にとってまさに打ってつけの場所といえたでしょう。

しかし、地域住民にとっては大きくかつ切実な問題。造成途上および完成後に予想される問題が、とある地元PTAの会合の席上で話題になります（当然でしょうけど）。そのときの議事録を次に紹介しましょう。話題は農業・教育・環境の問題に集約され、地元民のリアルな心情が見てとれます。簡潔な淡々たる記録であるがゆえに、かえって我々の胸を打ち、心をゆさぶるものがあります。

「（計画の目的には）『居住環境の良好な宅地を計画的に供給する』、『拠点都市を中心にしてともにのびる』などと言ったって、結局は廂《ひさし》を貸して母屋を取られるってことになるさ。損をするのは地元の俺たちだよ」

「『営農区域に入って農業しろ』たって、縮少された耕地から収入をあげるのは大変だよ。第一、設備投資がねえ……」

「俺の倅《せがれ》は『農業やりたくねえ』と言ってる。周りにニュータウンができて、チャラチャラされたら、農業やってんのがやんなるべーからな」

「ニュータウンの用地買収は畑で120万から90万だってのに、何でも周りじゃ、その3倍に値上りしてるとよ」

「うちの娘、いま印旛高へ行ってるけど、この間、こんなこと言ってたよ。『都会で住宅がなくて困っている人にゃ、ニュータウンはできたほうがいいが、ニュータウンにかかる人は安い値段で土地を手放さなけりゃならないし、その金では、ほかの土地は高くて買えねえから、これから農業やりたいと思っている人は困るだろう。ずっと農業やって来た人は、いまになって職業変えるたって、なかなかできないよ。地域が発展することはいいことだけど、今この地域に住んでる人には、これからが大変だと思う。ニュータウンを上手に利用して生活できるようになればいいんだが』って、生意気なこと言ってけど、本当だなあ」

「俺たち、こうやって一生懸命ＰＴＡ活動やってけど、社会教育の面だって、たとえば公民館だの、図書館だの、ニュータウンの中心にゃ立派なの建つんだっぺな。周りにも、いいの造ってもらわなくちゃぁあな」。「だけどニュータウンに負けまいと、あんまり意気ばって、建物ばかり造ったってなあ。税金ウンと取られちゃ、かなわねえからな」

「住宅から出される汚水の処理だって大変だよ。手賀沼や印旛沼に流されると、田に影響出てくんべえな」。「ずいぶん、でっけえ問題になっちゃったな。そこんとこは、お上のやるこったから、ぬかりあんめえよ。ハッハッハァ……」

——直ぐそばを乗用車や農耕車が走り去っていく。「ニュータウンの造成は何処のことなのか」と思うばかりの茫漠たる原野と、それに続く、あたりの風景にすっかり溶けこんだのどかな農村の昼さがりである。

東西約18㎞・南北約３㎞に広がり、千葉ニュータウン総面積のうち約7割以上を占める印西。１９８０年代以降、千葉ニュータウンの開発により、周辺の市と共に市の人口が急激に増加し、現在市民の約６割がニュータウンに住んでいます。前述の事業縮小により、近年では人口の増加は落ち着いたものの、印西牧《まき》の原《はら》地区や2010年に編入した旧印旛村域では依然としてニュータウン開発が進んでいるため、2005~2010年の人口増加率は非常に高い値になっています。

▼緑に囲まれた住環境。正真正銘のエコタウン

千葉ニュータウンの特徴として、人工的につくられた町並みであるため、事業区域から道路一本隔てると突然何もない純農村地帯に風景が一変してしまうことが挙げられます。見方を変えれば、里山と隣接した自然との共生を楽しむことができます。また、多摩ニュータウンが丘陵を切り崩して開発したため、坂が多い地形であるのに対し、千葉ニュータウンは平坦な北総台地であることから坂が少なく、高齢者にとって歩きやすい町になっています。

千葉ニュータウンのうち、前出の草深地区にあたる「印西牧の原駅エリア」は、2011年の秋に新しく「結《ゆ》いの丘 まきのはら」というコンセプトタウンをオープンしました。

京成押上線と都営浅草線、さらに京浜急行線に相互乗り入れしている北総線で、日本橋、東銀座まで直通。さらに、2010年には京成高砂から、北総線の終点である印旛日本医大を経て成田空港までを結ぶ成田スカイアクセスが開通。と利便性のよさをアピール。

また、徒歩圏内には「BIG HOPガーデンモール印西」や「ジョイフル本田」などの大型ショッピングセンターができ、早くも賑わいを呈しています。「千葉ニュータウン中央エリア」には、「イオンモール千葉ニュータウン」もあり、県外からの来訪者も多いそう。

このように居住地としてのセールスポイントは申し分なく、早くに大型施設を誘致したことや鉄道網の選択肢が少なからずあることなど、他の首都圏のニュータウンよりもリードしている面は多くあります。

日常では都会と遜色ない生活を送りながらも、ふと見渡せば緑豊かな里山とともに風光明媚な田園風景が広がっています。例えは凡庸ですが、そんな住環境だからエコなライフスタイルを無理なく楽しむことができるはずです。「緑の絶えない住環境ながら都心までは1時間足らず」。けっこういまの時代が求める暮らし方に則していると思いますが。

▼印西市「住みよさランキング」全国1位！

最後に、とっておきの「逆襲」ネタがあります（といっても他人のふんどしネタですが）。老舗総合経済ビジネス誌『東洋経済』を発行する東洋経済新報社が、日本の都市を対象に取りまとめている『都市データパック』の2012年版「住みよさランキング」で、印西が「総合」第1位に輝いたのです。

内容を要約しますと、

「人口当たりの公園面積をもとにした『快適度』が全国第9位。人口増加と幹線道路などの整備に伴い大型商業施設が相次いで開業していることから、『利便度』は第3位と高評価。また、大型商業施設のほか、地盤の堅さから金融機関の事務センターも多数立地しており、人口当たりの

山肌が切り取ったようにはげている千葉のある山間部。開発や造成は今なおやむことはない

税収も高く、『富裕度』でも第60位、市域が従来からの農村部と郊外の新興ニュータウンで構成されることから持ち家比率も都心近郊の都市としては高水準で、『住居水準充実度』も第86位と上位にある」

これらの順位を総合して印西は全国1位の座につきました。

この項を書くにあたり印西および印旛村や草深の歴史、千葉ニュータウン造成の成り立ちを調査および地元民の話を生で聞くにつれ、他の項にはない感情を抱いた小生です。そんないきさつもあり、このランキングの結果や寸評は嬉しく、また「ちょっとそんなに褒めないでくださいよ～」となぜかこそばゆい心境も宿ります。印西にゆかりない小生がそう感じるのは失礼承知ですが、この朗報がほんの僅かでも消えた農村の報いになればいいなと思うのです。

あとがきにかえて

都市化の一方、目を背けるわけにはいかない公害問題

今なお激しい賛否両論はあるにせよ、近代の千葉の姿が「是」だとすると、元県知事・柴原和の功績は大きいといえるでしょう。千葉は、安房・上総・下総の三国を統合して成立したことによる地域的偏差に加えて、近代化、都市化の進展度の格差とが重複。それに伴い農・漁業を軸とする地域的特徴が急激に変貌を遂げました。一方、日本経済が低成長へ転換するなかで、これまで高度成長の先頭を走り続けた工業都市の姿も変容を迫られています。とはいえ現在の千葉は、主に京葉工業地帯の拡充を起動力としながら、首都圏の拡大の形で京浜地帯と一体化する方向をいっそう強めています。そして東京湾横断道路（東京湾アクアライン）の開通はその傾向をさらに加速させています。

本書の趣旨から、千葉の「長所」を主に吸い上げ叙述してきましたが、当然その背景にある、開発・自然破壊による大気汚染、水質汚濁などの公害や環境変化の深刻化、そして立退きなどを余儀なくされた大勢の住民の無念。これらの問題に目を背けるわけにはいかないでしょう。その歪みは、

東日本大震災による各地の液状化発生などに顕在化してきています。

北西部に偏った県人口の不均等分布も甚だしく、それは千葉が全体として「東京の都市力」に引きよせられている状況を示しています。東京への通勤・通学者の比率を千葉県全体で見ると、約30％に達します。つまり、千葉住民の通勤・通学者のうち、約四分の一が東京へ向かっているということになります。特に浦安市約54％、市川は約49％となっています。

つまり、実際には千葉県人でありながら、意識の中では「東京都民」という感覚をもつ「千葉都民」が増えたのです。これらは、通勤圏である東葛、葛南エリアに顕著に表われています。

「千葉都民」には、「もう少しで東京都民になれたのに」という無念いや引け目があるのか、東京に負けたくないとばかりに、東京の人以上に流行に敏感な面があります。そんな「千葉都民」は、近年各方面で「新しいもの好きで見栄っ張り」という気質が指摘されています。

たとえば、住んでいる場所を尋ねられたときには、「浦安です」「柏です」というように市名で答え、ざっくりと**「千葉です」とはまずは言いません**。「自分は東京に近いのだ」という意識がそうさせるのかもしれません。そのことには、地方の旅先で「どこから来たんですか？」と尋ねられたときに、「千葉」ではなく、**思わず「東京」と答えてしまう**人がいる傾向に表われています。ただ一方で、洗練された都会的な振る舞いや、社交的な処世術も身につけているので、仕事でもそれなりの成果を出していると思われます。

プレジデント社発行の経済誌『ＰＲＥＳＩＤＥＮＴ』２０１２年3月5日号の特集「県民性の統計相性学」によると「出世のスピード」ランキングでは千葉北部は21位。全国何百ものエリアを対象にしているこのランキングにおいては大健闘といえるでしょう。しかも東京城西や城東を下位に抑えての順位です。しかし切り替えの早さは仕事の効率を上げるうえでも大事なことですが、「不倫経験の多い県」で6位、「離婚が多い県」で9位といずれも上位なのはいただけません。これが「千葉都民的気質」と因果関係にあるかどうかまではわかりませんが……。そしてやはり顕著なのが「愛郷心」ランキングで、千葉北部はワーストの6位。

またこれらは、「埼玉都民」にも当てはまる気質であります。その広範囲を「○○都民」たらしめる「東京の都市力」を今回改めて痛感しました。

現在、県内総生産額のうち、比率では第三次産業が6割台、第二次産業が3割台を占め、第一次産業は2％程度にすぎません。しかし農業粗生産額は４７００億円を超え、北海道に次いで全国第2位、農業は全国的に高い生産性を有しています。また、水産加工品の生産も第2位に位置し、豊かな農漁業県としての底力を保持しています。

「雲白く海青し……」ではじまる県民歌の二番に登場する歌詞は、「千葉」生い茂る自然と風土を見事に表わしています。

山は緑をたくわえ、川は清い。
黒潮は父なる恵みをもたらし、大利根は母なる流れをたたえる。
大地に菜の花輝く千葉、うるわしのわが郷土――

多様な自然環境が千葉の魅力の1つであることはもちろん、それ以外にもさまざまな顔を持ち併せるところが、千葉県の懐の深さでしょう。「首都近接性」がむしろ一体性へと構造的にシフトしようとしているかに見える現在、広大な農山漁村地域を対象に推進されようとしている「房総リゾート地域整備構想」は、今後どのような歴史的意味をもつことになるでしょうか。

あとがきのあとがき

とにかく手強かったです、千葉。漁業、農業、加工業、臨海、工業地帯、東京近い、なのにほぼ孤島、漂着民多すぎ（頼朝おまえもか）、空港、夢の国……。本書序盤でもふれたようにたしかに〝最強〟だと思います。だと思いますが要素が多すぎです。おいそれと束ねられません。ただ歴史的に目立った出来事を羅列するとか、オモシロトピックをランダムに散らばすだけならいいのですが、本書の趣旨は違うところにあるので頭を捻らせました。苦心のタネはエリアの多さ。上総、下総、安房、外房、内房、北総、東総、東葛、葛南……。本書全般に幾度となくふれているようにたしかに人種もバラエティに富みます。富みますがエリア多すぎです。いっしょくたにできません。

ネタ聴取、資料集めに膨大な時間をいただいたものの、どさりと集まった〝原材料〟を前に途方に暮れた霜月。ようやく構成案ができた睦月。けっきょく書き進めながら構成案をいじくる如月。ここにいたるまでに言視舎にご迷惑をおかけしたことは一方ならないものがありました。

絶えずそこにあるはずの「地域」というものはじつは移ろいやすい性格を持っています。その断面を切り取っていく作業は、ある種瞬間的に行なわなければいけません。その時間的な制約ゆえ獲り逃している〝獲物〟がいたとしたら、まずは千葉の皆さんに、そして「あのネタ待ちだったのに……」と期待してくれていた方がたに、ここにお詫びしたいと思います（チバリーヒルズとか千葉モノレールとか、ショウジョウジのたぬきとかオジャッシーとかチーバくんとか千葉犬とかとか……)。

終わりに、ひとえに私の事情から遅滞した執筆作業を辛抱強く待ち励ましてくれた言視舎・杉山尚次氏に心から感謝申し上げます。

平成二十五年　卯月　　　　　　谷村昌平

参考文献

『千葉県歴史暦』（聚海書林）森田保／『千葉大百科辞典』（千葉日報社）千葉大百科事典編纂室編／『千葉県の百年』（山川出版）三浦茂一・高林直樹・長妻廣至・山村一成／『千葉県の歴史』（山川出版）石井進・宇野俊一／編『郷土資料事典12 千葉県』（人文社）／『郷土史事典千葉県』（昌平社）川村優編／『千葉県史跡と伝説』（暁印書館）荒川法勝編／『写真で綴る文化シリーズ 千葉県千葉県歴史の人物』（暁印書館）荒川法勝編／『あなたの知らない千葉県の歴史』（洋泉社）山本博文監修／『千葉県の不思議事典』（新人物往来社）森田保編／『千葉の歴史夜話』（国書刊行会）畑中雅子／『房総女性群像』（千秋社）杉谷徳蔵／『千葉笑い』（恒文社）小島貞二／『定本柳田国男集』（筑摩書房）柳田国男／『フランシス子へ』（講談社）吉本隆明／『「成田」とは何か 戦後日本の悲劇』（岩波書店）宇沢弘文／『成田空港（日本のエアポート02）』（イカロス出版）／『大地の乱 成田闘争 三里塚反対同盟事務局長の30年』（御茶の水書房）北原鉱治／『三里塚アンドソイル』（平原社）福田克彦／『三里塚 成田闘争の記憶』（新泉社）三留理男／『熱田てる物語 おっかあの三里塚闘争史』（実践社）熱田てる・山根 克也／『地方紙で見る 日本の現場』（旬報社）高田昌幸・清水真編／『千葉ニュータウン開発前史』（崙書房）山本忠良／『ちば開発夜話』（千葉日報社・出版局）石毛博／『変貌する千葉経済』（自桃書房）青木英一・仁平耕一編／『東洋経済別冊 都市データパック２０１２年版』（東洋経済新報社）東洋経済編集部編／『ＰＲＥＳＩＤＥＮＴ（２０１２年3月5日号）』（プレジデント社）／『日本の特別地域14 千葉県東葛エリア』（マイクロマガジン社）小森雅人・川野輪真彦・藤江孝次編／『日本の特別地域28 千葉県葛南』

（マイクロマガジン社）小森雅人・藤江孝次・佐藤圭亮編／『日本の特別地域33 千葉県千葉市』（マイクロマガジン社）佐藤圭亮・川野輪真彦・藤江孝次編／『今だから語れる東京湾の光と影 京葉工業地帯の夜明け』（千葉日報社）土屋秀雄／『液状化現象 巨大地震を読み解くキーワード』（鹿島出版会）國生剛治／『江戸東京湾事典』（新人物往来社）江戸東京湾研究会編／『東京湾が死んだ日』（水曜社）増子義久／『幕張メッセを創った男たち』（現代日本社）千石次郎／『印旛沼経緯記』（崙書房）織田寛之／『河岸に生きる人々』（平凡社）川名登／『日本人の性格 県民性と歴史的人物』（朝日新聞社）宮城音弥／『日本人の性格構造とプロパガンダ』（ミネルヴァ書房）ジェフリー・ゴーラー／『出身県別 日本人の性格と行動パターン 同じ日本人でもこんなに違う！』（講談社）樋口清之／『県民力がズバリ！ わかる本』（河出書房新社）ロム・インターナショナル編／『県民性マンガ うちのトコでは』（飛鳥新社）もぐら／『千葉を愉しむ！』（ＰＨＰ研究所）ＰＨＰ研究所編／『房総の地域ウォッチング』（大明堂）千葉地理学会編／『日本地図の楽しい読み方』（河出書房新社）ロム・インターナショナル編／『都道府県名の由来』（東京書籍）谷川彰英／『日本地名大辞典1』（角川書店）／『地図から消えた地名』（東京堂出版）今尾恵介／『教科書から消えた唱歌・童謡』（産経新聞ニュースサービス）ニ横田憲一郎／『千葉県教育史』（青史社）千葉県教育会編／
『読む・知る・愉しむ 東京の鉄道がわかる事典』（日本実業出版社）武田忠雄／『全国鉄道事情大研究東京東部・千葉篇1』（草思社）川島令三／『東京・横浜・千葉・名古屋の私鉄』（小学館）宮脇俊三・原田勝正編／『総武流山鉄道の話』（崙書房）北野道彦／『戦国房総の名族』（昭和図書出版）大衆文学研究会千葉支部編／『日本の古典23 南総里見人大伝』（河出書房新社）自井喬二訳／『大系日本の歴史5 鎌倉と京』（小学館）五味

文彦／『東国の社会と文化』（梓出版社）小笠原長和編／『源平合戦の虚像を剥ぐ』（講談社）川合康／『房総諸藩録』（崙書房）須田茂／『東葛戊辰録』（崙書房）山形紘／『千葉県の戦争遺跡をあるく戦跡ガイド&マップ』（国書刊行会）千葉県歴史教育者協議会編／『千葉県の鉄道史』千葉県企画部交通計画課編／『千葉県史 全1—51巻』千葉県史料研究財団編／『千葉県安房郡誌』千葉県安房郡教育会編／『千葉県東葛飾郡誌』東葛飾郡教育会編／『柏市史年表』柏市編／『松戸市史 史料編5』松戸私立図書館編／『野田市史研究20』野田市史編纂委員会編／『我孫子市史 近現代編』我孫子市史編集委員会近現代部会編／『流山市史 近代資料編 流山町誌』流山市教育委員会編／『鎌ヶ谷市史 上・下巻』鎌ヶ谷市編／『市史読本 船橋のあゆみ』船橋市市史編纂委員会編／『船橋人名辞典』船橋市役所編／『図解 市川の歴史』市川市教育委員会編／『一宮町史』官町史編纂委員会編／『房総半島』房総研究会編／『印旛沼・手賀沼の民俗』千葉県教育委員会編／『千葉県農地制度史』千葉県農地制度史刊行会編

「房総かるた」に興じる著者

[著者紹介]
谷村昌平（たにむら・しょうへい）
東京都出身。大学卒業後、新聞社や出版社勤務を経てノンフィクションライター・編集者・出版プロデューサーに。民俗学を土台に地域、風土、大衆文化などに関する執筆活動を続けながら、日本の民俗学調査をライフワークとし全国を歩きまくる。千葉のライバルと目される埼玉の四方山を書き綴った『埼玉の逆襲』（言視舎）が著書にある。

装丁………山田英春
DTP 制作………勝澤節子
編集協力………田中はるか

千葉の逆襲
地域対抗「充実度」くらべ

発行日❖2013年4月30日　初版第1刷
　　　　2013年6月20日　　　第2刷

著者
谷村昌平

発行者
杉山尚次

発行所
株式会社言視舎
東京都千代田区富士見 2-2-2 〒102-0071
電話 03-3234-5997　FAX 03-3234-5957
http://www.s-pn.jp/

印刷・製本
㈱厚徳社

ISBN978-4-905369-58-5 C0336